Susanne Schnabl — WIR MÜSSEN REDEN

Susanne Schnabl

WIR MÜSSEN REDEN

Warum wir eine neue Streitkultur brauchen

INHALT

WIR MÜSSEN REDEN

Es ist viel passiert. Wenn das chinesische Sprichwort „Mögest Du in interessanten Zeiten leben" als gut gemeinter Wunsch verstanden werden darf, haben wir derzeit wohl den Jackpot gezogen. Selten gab es so viel Veränderung, Neues und Umbruch, und selten so viel Aufgeregtheit und Schwarz-Weiß-Malerei, die wohl unerwünschten Nebenwirkungen dieser ereignisreichen Zeit. Da kann einem schon schwindelig werden. Aber was, wenn wir uns letztendlich vor lauter Aufgeregtheit nur noch im Kreis drehen? Das wurde ich unlängst in einem Gespräch in kleiner privater Runde gefragt. Die Frage klang ein wenig vorwurfsvoll, sind wir Journalistinnen und Journalisten – und somit auch ich – doch Teil dieser Öffentlichkeit, die sich rasant verändert und in der um die Deutungshoheit derzeit so unerbittlich gekämpft wird. Das Tempo, die Lautstärke, die Polarisierung macht uns, auch mich, manchmal atemlos, bisweilen sogar ratlos. Es ist laut, eng und gehässig geworden und das schon frühmorgens, wenn einem beim Wischen über das Display die Flut an Push-Nachrichten und Zorn-Postings den Kaffee verdirbt und vor dem Schlafengehen noch einmal die Laune, weil die Twitter-Vögel nicht zwitschern, sondern brüllen, die Wut und der Hass wieder einmal durch das Netz fegen und sich die Welt in den

Abendnachrichten immer schneller und bedrohlicher dreht. Und jetzt? Wie weiter? Eine Gesellschaft, so heißt es, sei ja immer nur so klug wie der Diskurs, den sie gerade führt. Nun ja, um diesen scheint es nicht bestens bestellt zu sein. Anstatt einmal tief durchzuatmen, kühlen Kopf zu bewahren, nachzudenken, Fragen zu stellen und einander zuzuhören, verlieren wir uns lautstark empört in einem aufgeregten Gegen- und Durcheinander: „Drama, Baby!" und „Tempo, Tempo!" Und schon rufen die nächsten „Skandal!", die anderen retten gerade die viel zitierte Wahrheit, wenn sie nicht ohnehin vorgeben, sie bereits zu kennen. Die Besser- und Alleswisser haben die Mehrwisser abgelöst, wer nicht in Nanosekunden zu allem und jedem eine Meinung hat, gilt als meinungsschwach. Kritik heißt nun Bashing und die Lautsprecher sind nahezu immer voll aufgedreht.

Aber stopp. Ich will nicht bereits auf den ersten Seiten in die Falle gehen und mich selbst über die Dauer-Empörung empören oder gar den Zeigefinger heben. Dann wäre das hier auch schon die letzte Seite dieses Buches. Resümee: Alles furchtbar – und aus. Das wäre zu einfach. Mir geht es vielmehr um die Frage, wie kommen wir in all diesem Lärm wieder miteinander in ein Gespräch, und das auf Augenhöhe, trotz unterschiedlicher Meinung? Das Argument des anderen zuerst einmal anhören, bevor man mit Meinung und Urteil schon zur Stelle ist. Warum nicht einmal eine Verschnaufpause einlegen und gemeinsam nachdenken, wie wollen wir eigentlich miteinander umgehen, miteinander reden und diskutieren? Denn abgesehen von den unüberhörbar Lauten, die in der Öffentlichkeit den Ton angeben, was ist eigentlich mit den Leisen, die sich langsam verabschieden, oder denjenigen, die mitten in diesem schrillen Durcheinander bereits schweigen. Das sind nicht wenige. Aber wie klingt eine Gesellschaft, die mit sich selbst nicht mehr im Gespräch ist, weil ständig der rote Alarmknopf blinkt?

Wir müssen reden. Meistens lösen diese drei simplen Worte Unbehagen und sogar leise Furcht vor dem aus, was folgt. Keine Angst. Das hier ist keine Drohung, sondern eine Einladung. Eine jener Einladungen, die viel zu selten ausgesprochen werden, ebenso von uns Journalisten, die wir jeden Tag beschreiben, einordnen und hinterfragen, was gerade passiert und dabei zu selten einfach einmal nur zuhören. Aber dazu mehr im nächsten Kapitel am Weg ins Nagelstudio und der Erkenntnis, dass es sich lohnt, miteinander ins Gespräch zu kommen.

Nach der Daueraufregung der vergangenen Jahre haben wir Gesprächsbedarf und dabei geht es um Grundsätzliches: Was hat uns, wie wir miteinander umgehen und kommunizieren, wie wir Themen verhandeln oder eben auch nicht, bloß so ruiniert? Darüber wurde zuletzt in jener besagten kleinen Runde leidenschaftlich und streitbar diskutiert. Es sind die Gespräche, die abseits der vielen Postings, der 140 bis 280 Zeichen und der perfekt inszenierten Instagram-Fotos fehlen. Interessant wird es ja immer erst dann, wenn wir unsere Rollen ein wenig ablegen, wenn die Inszenierung Pause hat und der Blick hinter die digitale Pinnwand, auf der wir uns täglich präsentieren, frei wird und wir ins Reden kommen.

Das hier soll kein wehleidiger Abgesang auf die sozialen Medien und Netzwerke sein, die uns so viel Weite und zugleich so viel Enge bringen. Kulturpessimismus ist etwas für jene, die in den Rückspiegel blickend meinen: Früher war alles besser. Wir wollen hier nach vorne schauen. Also wie kommen wir wieder ins Gespräch trotz aller Gegensätzlichkeiten und digitalen und analogen Blasen, in denen wir leben? Das ist die eine Frage. Ob im Büro, im Internet, am Stammtisch, in privaten Diskussionen, selbst zu

Hause am Küchentisch prallen Meinungen, Standpunkte aufeinander. Politics is back.

Wir leben zwischen den Zeiten. Hinter uns liegen zwei Jahre Dauerwahlkampf, vor uns eine neue Regierung, Europa hat sich nach außen und nach innen verändert, Donald Trump twittert noch immer aus dem Weißen Haus, alte Ordnungen gelten nicht mehr, der Populismus ist in aller Munde und vom Ende der liberalen Welt ist mancherorts nicht mehr nur die Rede. Und während wir rätseln, was uns der diffuse Wunsch nach Veränderung und die Zukunft tatsächlich bringen wird, werden die Bedingungen des Zusammenlebens bereits neu ausverhandelt. Das Alte funktioniert nicht mehr und das Neue ist noch nicht greifbar. Abschied und Neubeginn – und wir sind mittendrin. Was passiert da gerade und wohin führt es?

Wenn sich die Welt folglich so rasant ändert, dann sollten wir doch all unsere Energien dafür aufwenden, darüber zu reden und zu streiten, wie wir in Zukunft leben wollen. Es wird wieder politisiert und es wird so schnell nicht weniger werden. Das ist gut. Gegensätzliche Meinungen beleben bekanntlich nicht nur jedes Gespräch, sondern die Demokratie. Aber was passiert, wenn das Entweder-oder-Denken immer mehr um sich greift. Auch hier in Österreich herrscht mit den neuen politischen Verhältnissen unter einer rechtskonservativen Regierung eine Dafür- oder Dagegen-Stimmung und mit ihr setzen Unerbittlichkeit und ritualisierte Erregung auf beiden Seiten neue Maßstäbe. Gedacht wird in Lagern und selbst wenn es ein bisschen kleinteiliger daherkommt, sind es Schubladen, in die man die anderen aussortiert und einteilt. Das ist weniger gut. Bedeutet Demokratie nicht auch, Meinungen auszuhalten, die einem gegen den Strich gehen? Wenn das tägliche Drama das letzte Minimum an Sachlichkeit ablöst, Argumente gar nicht mehr zählen und es fast ausnahmslos nur mehr um entweder-oder, gut oder böse geht, wäre es jetzt an der Zeit, einmal tief Luft zu holen.

Die Themenliste, an der wir uns emotionsgeladen nach diesem Schwarz-Weiß-Muster abarbeiten und dabei nicht wirklich weiterkommen, ist mittlerweile ellenlang: Migration, Integration, zwischen den beiden Kampfbegriffen der sogenannten „Gutmenschen" und der „islamophoben Rassisten" scheint es kein sachliches Dazwischen zu geben. Dabei spielt sich das Wesentliche und Spannende genau in der Lücke zwischen den Extremen ab. Was aber, wenn dieses Dazwischen verloren geht und der Riss – je nach Thema und Glaubensfrage – durch unsere Gesellschaft immer größer wird, weil es nur mehr um „uns" und „die anderen" geht. Egal wie komplex die Fragen auch sind, es geht ausnahmslos um dafür oder dagegen, links oder rechts, gut oder böse. Und weil das Private auch politisch ist, hätten wir noch ein wenig weiter unten auf der Liste der hart umkämpften Themen: Die Straße und Radfahrer versus Autofahrer, das Essen und Veganer gegen Fleischesser, oder immer wieder ein Reizthema: Impfen, ja oder nein? Und wer schon einmal miterlebt hat, wie unversöhnlich Eltern ihre erzieherischen Überzeugungen vor sich hertragen, verlässt den (Kampf-)Spielplatz mitunter verunsichert – diese Liste ließe sich endlos fortführen. Aber warum dieser anklagende Ton, diese moralische Überlegenheit Andersdenkenden gegenüber? Die Hölle, das sind bekanntlich nicht nur bei Sartre, sondern insbesondere in den sozialen Medien, immer die anderen. Duell statt Dialog. Dabei wissen wir doch längst, dass die blanke Empörung über den Anderen und das Anderssein uns in unserem Diskurs nicht weiterbringt.

Und damit sind wir bei der zweiten Frage. Warum ist das Zuhören, Argumentieren und Streiten so schwer geworden? Oder war es das schon immer? Streiten um das bessere Argument auf Augenhöhe, fair und leidenschaftlich. Das bedeutet im Idealfall eine Kultur des Streitens anstatt der vielen Hot Takes, welche die Erregungskurven jeden Tag aufs Neue in lichte Höhen treiben. Auch wenn die Sehnsucht nach vermeintlich simplen Antworten so groß und die Unerbittlichkeit den anderen gegenüber so laut ist, wie wäre es mit mehr Sachlichkeit statt Drama – und sachlich meint hier nicht: langweilig. Warum wir gerade jetzt miteinander reden müssen, will ich Ihnen gleich am Weg nach Floridsdorf erzählen.

KALENDERSPRÜCHE STATT POLITIK

Warum Frau T. nicht mehr über Politik diskutieren will und lieber schweigt.

Es ist Frühling und ich suche im 21. Wiener Gemeindebezirk das Nagelstudio von Frau T. Leerstehende Geschäftslokale, dazwischen ein Supermarkt, eine Sportwetten-Bar, ein Kebab-Stand, ein Handyladen, irgendwo hier muss es sein, und während der Streusplit unter den Füßen noch an den Winter erinnert, lässt die Frühligssonne die triste Gegend ein wenig freundlicher erscheinen. Sagen wir so, es gibt einladendere Gegenden, durch die man mit seinem Einkaufssackerl schlendern kann. Aber das machen hier die meisten ohnehin im nahegelegenen Shoppingcenter. Es ist eine jener Einkaufstraßen, an deren Auslagen und Geschäften man wie in so vielen Städten die gesellschaftliche Veränderung der vergangenen fünfzig Jahre ablesen kann. Vom Eisenwarenhändler ist nur mehr das Schild über der Auslage geblieben, in der jetzt die Schneiderpuppe des türkischen Änderungsschneiders samt Preisliste steht. Nebenan kann man Kebab und Pizza essen.

Da ist es auch schon. Unzählige kleine Nagellack-Fläschchen stehen in der Auslage. Das ist das Geschäft jener Frau, die in ihren Postings so wütend klang, sich später am Telefon schon ein wenig anders anhörte und mir schlussendlich dieses Interview, zu dem ich gerade unterwegs bin, doch zugesagt hat. Uns Journalisten wird vorgeworfen, dass wir zu selten nach draußen gehen und unseren Blick, gerade wenn es um Politik geht, nicht dorthin richten, wo die Sorgen und Ängste der Menschen zu Hause sind. Also raus aus der Redaktion, dem Fernsehstudio, der Blase und Nabelschau auf der Suche nach Frau T. und ihrem Nagelstudio.

Seit mehr als zwei Jahren dreht sich die Berichterstattung um Wutbürger, Protestwähler, Fake News, den Zorn auf das Establishment, die Ablehnung gegenüber Andersdenkenden, den Hass im Netz. Darüber wurde schon so viel gesagt und geschrieben, aber ins Gespräch kommen *mit* jemanden, der all diese Skepsis auch gegenüber uns Journalisten teilt, das ist schwieriger als angenommen. Sich entrüsten, schimpfen, jammern oder sich gegenseitig aus dem Weg gehen, das geht schnell und bequem, aber miteinander reden? „Lügenpresse". Genau das hat es mir auch nicht leicht gemacht, mit Frau T., die hier anonym bleiben möchte, ins Gespräch zu kommen. Es hat Wochen gedauert. Nur zögerlich antwortete sie auf meine Nachrichten. Das Misstrauen ist groß, ihre Verunsicherung offenbar noch mehr.

Frau T. ist Mitte vierzig, betreibt seit Jahren ein kleines Nagelstudio, und wenn sie nicht gerade mit ihren Kundinnen beschäftigt ist, sitzt sie vor ihrem Computer im Geschäft. Sie lächelt verlegen, als sie mir die Türe öffnet. Auch ich bin ein wenig angespannt und so bemühen wir zunächst einmal das Wetter und sprechen ein wenig über ihre Arbeit, während sie gastfreundlich den Kaffee herunterlässt und fragt, ob es stört, wenn sie rauche. Schön langsam bricht das Eis und wir kommen ins Gespräch.

Sie erklärt, warum sie Meldungen, die sie immer wieder auf Facebook liest, für glaubwürdig hält und „die Medien" für gesteuert. „Irgendetwas muss da ja dran sein", wiederholt sie ihren Standpunkt, ihre Zweifel auf meine Nachfragen. Das geht eine Zeitlang so. Erst als sich eine gewisse Vertrautheit breit gemacht hat, kommen Frau T. und ich richtig ins Reden. Sie klingt gar nicht zornig wie in ihren Postings auf Facebook, in denen sie unter anderem die angebliche Großzügigkeit gegenüber Flüchtlingen beklagt, die Smartphones geschenkt bekommen würden – diese Falschmeldung hält sich trotz aller Richtigstellungen noch immer. Ihr Facebook-Profil liest sich stellenweise wie jenes einer Wutbürgerin, von denen so oft die Rede ist und die sich selbst selten bis nie zu Wort melden, um einmal öffentlich zu erklären, was sie hinter diesen ärgerlichen Sätzen im Netz so zornig macht. Frau T. ist diesbezüglich eine Ausnahme. Sie hat meine Nachrichten im Gegensatz zu den vielen anderen, die ich kontaktiert hatte, nicht ignoriert oder geblockt, sondern sich zurückgemeldet. Aber von der zornigen Frau im Netz, der ich jetzt hier am Maniküretisch gegenübersitze, ist nicht mehr viel Wut zu spüren. Schallgedämpft erzählt sie von „denen da oben", dem System, den Ausländern und Flüchtlingen, ihrer Sicht auf die Welt, der Politik und ihrer Unzufriedenheit. „Schauen Sie", beginnt sie fast jeden Satz, „man darf das ja alles, was man sich so denkt, nicht mehr sagen." „Was denn?" „Naja, die Wahrheit", seufzt Frau T. und zieht an ihrer Zigarette. Die „Wahrheit" also, welche nicht mehr ausgesprochen werden dürfe, die wird auch hier im Nagelstudio immer wieder bemüht. Es sind Vermutungen, Gerüchte, zum Teil Vorurteile über Flüchtlinge, Ausländer, Politiker und Medien, die sich trotz Fakten hartnäckig halten und mit ihnen Frau T.s Unsicherheit über eine ungewisse Zukunft. Und dann sagt sie diesen einen Satz, der mich noch tagelang beschäftigt: „Aber mir, uns hier, hört ja niemand zu!"

Zuhören

Geht es darum? Das, was der Soziologe Hartmut Rosa in seinem gleichnamigen Buch „Resonanz" nennt. Wahrgenommen, gesehen und gehört werden zu wollen. Frau T. klingt gekränkt, als sie diesen Satz sagt. Und sie erklärt auch auf Nachfrage, dass sie nach den Monaten des Wahlkampfes das Gefühl habe, dass ständig nur über „die anderen, die Fremden" gesprochen werde, als „würde es uns hier nicht geben". Dass sie Angst habe, dass ihre Kinder keinen guten Job bekommen werden und dass sie trotz ihres kleinen Geschäftes mit anderen, die sich gerade ein neues Auto kaufen oder auf Urlaub fahren, nicht mithalten könne. Nach eineinhalb Stunden hab ich den Eindruck, Frau T. fühlt sich nicht nur abgehängt, sie fühlt sich als Teil unserer Gesellschaft vor allem unsichtbar. Nicht wahrgenommen.

Ohne diese Recherche, der Suche nach einem Interview für einen Beitrag wäre ich ihr nicht begegnet. Mich hätte es gar nicht in ihre Gegend verschlagen, in ihr Nagelstudio. Und auch umgekehrt. Wir wären uns nicht einfach so über den Weg gelaufen, ins Gespräch gekommen – weder in der Arbeit noch im Supermarkt, im Kindergarten, in der Schule unserer Kinder oder auf dem Fußballplatz. Jeder lebt in seiner eigenen Welt. Zwei völlig verschiedene Lebenswelten sind das in ein und derselben Stadt. Die viel zitierten Filterblasen, die gibt es eben nicht nur in den sozialen Medien, wo ich auf die zornig postende Frau aus Floridsdorf gestoßen bin, die gibt es auch im wirklichen Leben. Aber was ist, wenn diese Filterblasen viel größer sind, als wir uns eingestehen wollen? Und was geschieht, wenn wir auf jemanden aus einer ganz anderen Blase, einer ganz anderen Welt stoßen wie soeben Frau T. und ich? Es ist mittlerweile eine Binsenweisheit, dass wir in digitalen Echokammern leben, wo unsere persönliche Meinung dauernd aufs Neue bestätigt wird. So eine Art Schulterklopfen und klick, fertig ist das meist stromlinienförmig durch Algorithmen generierte Weltbild, ein immer wiederkehrendes Echo des eigenen Standpunktes.

Was passiert aber, wenn jemand widerspricht? Geben wir dann Kontra, verteidigen uns und unsere Haltung oder sind wir beleidigt, vielleicht wehleidig, ziehen uns zurück, werden stumm und schweigen? Das hängt freilich ganz vom Thema und der Dringlichkeit ab, aber meistens scheuen wir die Diskussion, die Konfrontation, den Streit. Ich habe lange darüber nachgedacht, wie begegne ich jener Frau aus dem Nagelstudio, die mich Wochen zuvor noch als Teil der „Lügenpresse" bezeichnet hatte? Manchmal ist es Bequemlichkeit, manchmal das, was man als Wurschtigkeit bezeichnet, manchmal fehlt die Energie und manchmal kommt es einem sinnlos vor und vielleicht ist es das hin und wieder auch, sich auf eine Diskussion mit ungewissem Ausgang einzulassen. Zum Beispiel erst unlängst im Zug, wenn der unbekannte, gesprächige Sitznachbar sich anfangs noch über das Wetter beschwert und, immer mehr in Fahrt kommend, einen Skandal nach dem anderen ausmacht und die Welt vom Fernsehprogramm bis zur Politik kurz vor dem Abgrund stehen sieht. Selbst wenn man innerlich laut „Nein, früher war nicht alles besser!" ruft, bequemt man sich dann nur zu einem leisen „Naja", in der Hoffnung, den Redeschwall vielleicht so zu bremsen. Dafür ziehen wir dann ein anderes Mal zutiefst überzeugt in den Streit und kämpfen mitunter energisch für Nebensächlichkeiten, sodass uns für die wirklich großen Auseinandersetzungen die Energie und oft auch der Mut fehlen. Manchmal aber vermeiden wir den Streit und den Widerspruch aus Unsicherheit, dabei auf der richtigen Seite zu stehen, oder aus Angst vor der möglichen Wucht der Reaktion.

So erklärt mir Frau T., dass sie eigentlich nicht mehr über Politik reden wolle. „Warum?", frage ich sie. Damit habe sie „in diesem Facebook" nur schlechte Erfahrungen gemacht. „Angepöbelt bin ich worden, weil ich anderer Meinung war. Ich sei eine Rassistin, weil ich meine, dass schon genug Menschen zu uns gekommen sind. Ich, eine Rassistin!? Ich lackier hier Nägel, wenn's sein muss, auch mit mitgebrachtem Halal-Nagellack (ein wasserdurchlässiger Nagellack für praktizierende Musliminnen erfahre ich später – wieder etwas gelernt)." Die Realität ist dann halt doch ein wenig komplexer und bunter als so manches Schwarz-Weiß-Posting. „Was haben Sie denn den Leuten geantwortet, die Sie beschimpft haben?", will ich wissen. „Nichts. Warum soll ich mich rechtfertigen, mich beleidigen lassen?", fragt sie, zündet sich die nächste Zigarette an und erklärt, dass sie es anfangs spannend fand, sich über Facebook mit anderen, zumeist Unbekannten auszutauschen. Nicht der übliche Smalltalk wie mit vielen ihrer Kundinnen hier im Nagelstudio. Und dennoch sei sie zu dem Schluss gekommen: „Das bringt nix. Soll ich herumstreiten? Ich weiß nicht. Das ist anstrengend. Ich habe ständig das Gefühl, mich für oder gegen etwas oder jemanden entscheiden zu müssen, um ja auf der richtigen Seite zu stehen. Mir ist das zu anstrengend", seufzt sie und setzt fort, „mir ist das zu viel geworden und daher poste ich nichts mehr, wenn's um Politik geht. Keine Kommentare mehr, nix." „Also Rückzug?", schau ich sie fragend an. „Ja, kann man so sagen. Am Ende kommt dabei eh nix raus." Und tatsächlich: Auf ihrem Facebook-Profil sind alle Kommentare und Postings, in denen es um Politik geht, gelöscht. Zu lesen sind dort nur mehr Kalendersprüche und Werbung für ihr kleines Geschäft. Frau T. hat sich für den Rückzug ins digitale Biedermeier entschieden. Aber kann eine pluralistische Gesellschaft funktionieren, wenn wir aus Angst vor dem Shitstorm oder eben auch aus Bequemlichkeit oder gar Wehleidigkeit mit Andersdenkenden nicht mehr ins Gespräch kommen, weil wir uns mit Widerspruch erst gar nicht auseinandersetzen wollen? Lieber schweigen und nur noch dort mitreden, wo man sich ohnehin verstanden fühlt: zu Hause im Wohnzimmer, im Freundeskreis, in Chat-, in WhatsApp- oder Twitter-Gruppen, im Safe Space. Man bleibt lieber unter sich. So entstehen immer kleinere Gruppen und Stämme Gleichgesinnter und Ähnlichdenkender, zwischen denen Meinungsverschiedenheiten selten bis nie offen ausgetragen werden. Oft schwingt die Frage, die Sorge mit, ob dieses oder jenes womöglich Beifall von der falschen Seite provoziert. Dann schweigt man lieber gleich oder schnitzt seine Aussagen im Kopf so zurecht, dass sie erst gar nicht anecken. Bloß nicht provozieren, widersprechen oder gar quer denken. Um den Inhalt geht es dabei nicht, sondern vielmehr darum, auf der richtigen Seite zu stehen. Es geht um Allianzen, die eigene Person und um Inszenierung und dabei nur selten um die Sache.

Aber wie sieht eine Gesellschaft aus, in der vieles aus Angst vor der Reaktion gar nicht mehr gesagt und geschrieben wird? Dreht sich die „Schweigespirale"[1] dann immer schneller und die Lauten geben ausnahmslos den Ton an? Frau T. gehört nicht zu den Lauten, sie hat sich verabschiedet. Politisiert wird zu Hause, im Netz postet sie nur mehr Unverfängliches: Kalendersprüche statt Politik.

DIE ANDEREN

*Wer sind diese Anderen? Vom Multi-
und Paralleluniversum und warum
es sich dennoch lohnt, ins Gespräch zu
kommen.*

Mit diesen „Anderen" will Frau T. im Netz also nichts mehr zu tun haben. Dennoch lohnt sich der Versuch, wenn auch nicht immer, ins Gespräch zu kommen, anstatt zu schweigen. Das beobachte ich nun schon seit Jahren in meinem Berufsalltag. E-Mails, Facebook-Postings, der gute alte Brief und selbst Postkarten – das Publikum antwortet nach einer Sendung, nach einem Interview. Feedback ist unverzichtbar für unsere Arbeit und zu neunzig Prozent immens wertvoll, um zu wissen, was die Menschen am anderen Ende spätabendlich im Wohnzimmer bewegt, worüber gesprochen wird, was Eindruck hinterlässt, was nicht und welche Inhalte polarisieren. Die anderen zehn Prozent bestehen aus Wut- und Hass-Mails, auch noch Briefen, deren Absender beachtlicherweise in Schönschrift die grauslichsten Worte zu Papier bringen; und der Satz „Was ich Ihnen wünsche", ist dabei niemals gut gemeint. Auch wenn die persönliche Schmerzgrenze eine variable ist, liebe Hassposter, jene rechtliche Grenze, an der ein zivilisierter Umgang miteinander endet, ist unverrückbar. Mit Menschen, die einem anderen Gewalt wünschen, macht Diskussion keinen Sinn. Auf Nimmerwiedersehen.

Jenen weniger Höflichen, teils Empörten, die oft noch während der Sendung ihr Feedback in die Tastatur schmettern, antworte ich regelmäßig. Das gehört zu meinem Job und ich versuche, so gut es geht, sachlich und höflich zu antworten. Das fällt nicht immer leicht, wenn sich das Gegenüber meist ohne Namen ruppig bis wütend, teils persönlich äußert. Was dann allerdings regelmäßig passiert, ist beachtlich und interessant: Zuerst staunend, dann verhalten und letztlich fast immer entschuldigend fällt die Reaktion auf meine Antwort mit dem fast immerselben Nachsatz aus: „Sie lesen das wirklich?" Und so kam es schon ein paar Mal vor, dass ursprüngliche Wüteriche auf die simple Frage, wie war das denn gemeint, plötzlich ohne Schaum vor dem Mund zurückmailen und sich sogar der eine oder andere Mailwechsel über eines jener Themen ergibt, die derzeit so hochkochen. Immerhin. Man bleibt im Gespräch, man hat sich etwas zu sagen. So war es auch mit Frau T.

Diesmal war ich „die Andere" in ihrer Welt. Ungewiss, was mich angesichts ihrer Vorbehalte erwarten würde, stand ich vor ihrem Geschäft wie vor der Höhle des Löwen. Nach zweieinhalb Stunden Unterhaltung gestand Frau T., überrascht zu sein, dass da niemand sitzt, der ihr jetzt die Welt erklären wolle, was richtig und was falsch ist, sondern zuhört und Fragen stellt. So hätte sie sich „diese" Medien und Journalisten nicht vorgestellt. Für uns beide war das Gespräch ein Aha-Erlebnis, das sich so gar nicht in all die Stereotype, in denen wir zu oft denken, pressen lässt.

Es lohnt sich also, ins Gespräch zu kommen und auf dem Nachhauseweg entlang der tristen Einkaufsstraße frage ich mich: Was passiert eigentlich, wenn immer größere Teile unserer Gesellschaft wie Frau T. und ich gar nicht mehr miteinander sprechen? In den digitalen Echokammern und analogen Blasen ist es bequem. Man bleibt unter sich, teilt dies und jenes, große Widersprüche bleiben draußen. Vielmehr krault das Rechthaben unser Ego – mittlerweile ein Volkssport in den sozialen Medien. Unerbittlich, unversöhnlich werden Stellungen bezogen. Auch wenn die Positionen noch so konträr bis extrem sind, beide Seiten eint der Anspruch auf die einzige, die absolute Wahrheit.

Wer nicht denkt wie ich, liegt falsch und so wird Widerspruch schnell zum neumodischen Begriff „Bashing" erhoben und Kritik als Angriff auf die eigene Person verstanden. Und einmal mehr bewahrheitet sich: Je unübersichtlicher die Welt, umso größer scheint das Bedürfnis nach Verortung der eigenen

Identität und diese erfolgt meistens durch Abgrenzung und Abschottung von den anderen.

Im Grunde ist es paradox. Noch nie war so viel Weite und dennoch ist es zugleich so eng geworden. Nie zuvor waren Informationen so leicht zugänglich, die Möglichkeiten so zahlreich, den eigenen Horizont, das Denken zu erweitern und Teil dieser Öffentlichkeit zu sein. Auf Knopfdruck seine Meinung mit Tausenden, ja, Millionen anderer zu teilen, sich auszutauschen, am Diskurs teilzunehmen. Meinungsvielfalt inklusive Reichweite, um die Deutungshoheit nicht mehr nur einigen wenigen in Politik und Medien zu überlassen. Und trotzdem ist es zugleich eng geworden. Die Annahme, die Kommunikation werde durch die sozialen Medien offener, hat sich als Illusion herausgestellt. Es gilt mittlerweile als erwiesen, dass zum Beispiel durch Facebook-Algorithmen vor allem negativ emotionalisierende Nachrichten schneller und häufiger verbreitet werden als positive und somit das Meinungsklima beherrschen, verändern und genau dafür auch politisch genutzt werden, um Stimmung zu erzeugen und mitunter sogar auf politische Prozesse, bis hin zu Wahlen, Einfluss zu nehmen.

Auf Widerspruch folgt wie so oft Empörung oder Shitstorm. Man entrüstet sich. Das kann man mittlerweile auch, in Zahlen gegossen, Schwarz auf Weiß nachlesen. „Die Zeit" hat gemeinsam mit dem auf Datenanalyse spezialisierten Unternehmen Unicepta den deutschen Bundestagswahlkampf 2017 im digitalen Raum vermessen.[2] Die gute Nachricht zuerst: Es wird rege debattiert. Hatte die Klage über das Desinteresse an der Politik vor wenigen Jahren einen Stammplatz in den Leitartikeln, so wird nunmehr wieder politisiert. Auch in Österreich. Nach dem bisher längsten Bundespräsidentenwahlkampf, den Österreich je erlebt hatte, folgte fast nahtlos der Nationalratswahlkampf im Herbst 2017. Das Interesse war enorm und ist nach wie vor – nun die neue Regierung betreffend – ungebrochen, Polarisierung inklusive. Jetzt zur weniger guten Nachricht der Studie: Die Bereitschaft zu maßloser Empörung ist groß. Das überrascht Sie freilich nicht. Aber mit Zahlen unterfüttert ist der Befund ein dann doch schwerwiegenderer. An Beiträgen und Kommentaren von Nutzern gemessen, bewegt kein anderes Thema so sehr wie Flüchtlinge und Kriminelle. Das Interessante an dieser Analyse, das wir vermutlich selbst oftmals auch außerhalb des Netzes bemerkt haben bzw. spüren, ist die fehlende Bereitschaft einer offenen Debatte, in der um Argumente gerungen wird. Stattdessen geht es um ständige Opposition gegenüber Andersdenkenden. Die eigene Sichtweise und Identität wird zum absoluten Maßstab erhoben, das Gegenüber zum Feind. Soziale Medien funktionieren laut der Studie wie eine „große Oppositionsmaschine."[3] Diskussionen enden fast ausnahmslos mit Widerstand oder Kapitulation. Das ist paradox und bedenklich zugleich. Wenn das Aufeinandertreffen entgegengesetzter Meinungen großteils nur zu Ablehnung oder Unterwerfung führt, wird die weitläufige Welt am Smartphone in der Hand auch ganz schnell ganz eng. Dabei sind „diese Anderen", wie sie Frau T. nennt, nicht erst seit der Erfindung digitaler Netzwerke da. Sie waren schon immer da, nur sind sie jetzt sichtbar.

Früher einmal war es der viel zitierte *eine* Onkel oder *der* Cousin, ein Verwandter auf der Familienfeier, die Nachbarin aus der Kindheit, die man wieder trifft, oder der damalige Sitznachbar aus der Oberstufe, der einem Jahrzehnte später beim Klassentreffen gegenüber sitzt und man stellt fest, wie verschieden man lebt, denkt und wie konträr man die Welt sieht. Mitunter ist das nicht nur anstrengend, sondern richtig herausfordernd. Man unterhält sich angeregt, kontert, widerspricht. Ein Anstoß dazu, ein Thema, selbst wenn es nur um die Menüauswahl „Fleisch oder vegetarisch?" geht, findet sich auf solchen Familienfeiern oder Klassentreffen fast immer. Es wird diskutiert. Hart in der Sache, aber fair im Ton und sei es nur aus diesem einzigen Grund: Beide Seiten wissen, man sieht sich sehr wahrscheinlich wieder. Und dennoch stellt man beim Abschied fest, dass man sich eben nicht einig ist.

Ich mag solche Aufeinandertreffen, ein kontroversielles Gespräch, ein Streitgespräch. So gegensätzlich die Meinungen sind, am Ende habe ich etwas von meinem Gegenüber mitgenommen, einen anderen, für mich neuen Blick auf die Welt. Diesen *einen* Onkel, Cousin oder ehemaligen Klassenkollegen treffen wir nunmehr immer häufiger im Netz. Einmal anonym, einmal mit Namen. Die vielen Bruchlinien und die Fragmentierung unserer Gesellschaft werden durch die sozialen Medien sichtbar. „Dadurch verändert sich auch unsere Wahrnehmung der Gesellschaft", erklärt Hajo Boomgaarden, Professor für empirische Sozialforschung an der Universität Wien. „Da die Netzwerke viel größer sind als der viel zitierte analoge Stammtisch und auch weniger kohärent, fallen die Clashes, der Zusammenprall mit Andersdenkenden heftiger aus. Heftiger auch deshalb, weil man sich nicht direkt gegenüber sitzt und dadurch enthemmter miteinander kommuniziert und plötzlich werden da auch radikale Meinungen sichtbar, die vorher kein Gehör gefunden haben. "Wie weit Meinungen und damit Weltbilder auseinander liegen und wo gesellschaftliche Bruchlinien verlaufen, hat in den letzten Jahren am deutlichsten die Frage der Aufnahme von Flüchtlingen und Migranten offenbart. Die Flüchtlingskrise, deren Folgen so vieles verändert hat, war Europas „11. September" erklärt Ivan Krastev in seinem vielbeachteten Essay „Europadämmerung". Denn mit den Flüchtlingen und Arbeitsmigranten, so Krastev, gab es auch eine „Migration der Argumente, Emotionen, politischen Identitäten und Wählerstimmen"[4] und somit das Sichtbarwerden von Bruchlinien innerhalb unserer Gesellschaften, die schon lange zuvor insbesondere durch die Globalisierung da waren.

Ich will Ihnen dazu ein Beispiel aus meinem Redaktionsalltag schildern, das mich – insbesondere die Reaktion darauf – noch heute erstaunt. Ein paar Monate nach den historischen Fluchttagen im September 2015, als hunderttausende Menschen unregistriert über die österreichischen Grenzen gekommen waren, konnte man auch außerhalb der sozialen Medien beobachten, wie der Ton Andersdenkenden gegenüber feindseliger, die Wut immer größer wurde. Wir entschlossen uns daher in der Redaktion beide Seiten zu befragen. Auf der einen Seite erzählte die Flüchtlingshelferin und ehemalige Salzburger ÖVP-Landesrätin Doraja Eberle, wie sie wegen ihres ehrenamtlichen Flüchtlingsengagements am Salzburger Bahnhof nicht nur angefeindet, sondern sogar bedroht worden war. „Durch mein Tun, ziehe ich Aggressionen auf mich und die reichen bis hin zu Vergewaltigungswünschen"[5], schilderte Eberle schockiert und zugleich ernüchternd die Reaktionen auf ihre Arbeit. Auf der anderen Seite erzählte Gerhard B., wie sehr ihn angesichts der Bilder an den Grenzen und Bahnhöfen der Zorn überkomme und noch mehr: „Natürlich, Hassgefühle kommen da hoch. Bedingt durch das, was zurzeit in Österreich passiert." Ein Thema, zwei entgegengesetzte Seiten, denen von unserer Redaktion exakt gleich viel Sendezeit eingeräumt wurde, ihre Situation, Ängste und Handlungen zu erklären. Trotzdem waren die vielen Reaktionen darauf bemerkenswert. Die einen beklagten, warum man den „naiven Helfern" Platz einräume, die an den Drohungen gegen sie doch „selbst schuld" seien. In einem anderen E-Mail beklagte jemand seine Enttäuschung. „Wie kann man nur auf die Idee kommen, einem solch gehässigen, dummen Menschen überhaupt die Möglichkeit zu geben, sich öffentlich zu äußern, ihn überhaupt herzuzeigen", schreibt mir der aufgebrachte Herr, der gleichzeitig damit droht, nie mehr wieder die Sendung anzusehen. Allein der Umstand, dass Andersdenkende überhaupt zu Wort kommen, um ihre Sicht der Dinge darzulegen, war offenbar zu viel. Aufgeladen mit Moral geht es um Gut oder Böse, als gäbe es kein Dazwischen und dabei zeigt sich, wie brüchig dieses vermeintliche „Wir" ist. Die Flüchtlingskrise und der Umgang damit machte Unterschiede im Verständnis von Identität und kulturellen Unterschieden und dem, was in diesem Zusammenhang als „Wir" verstanden wird, sichtbar. Das passiert zugleich auf mehreren Ebenen, wie jener der Europäischen Union, in der das Gewicht und Selbstbewusstsein der Nationalstaaten wieder zunimmt, auf der kulturellen Ebene, wenn es um Fremde und insbesondere um Religion wie den Islam geht, bis hin zu den Kammern und Blasen außer- und innerhalb des Internets. Mit der Abgrenzung vom anderen geht die Angst um das Eigene einher und somit eine Bedrohung des Zusammenhaltes.

Zu diesem Schluss kommt auch die „Arena Analyse 2018" des Wiener Beratungsunternehmens Kovar & Partners gemeinsam mit der Wochenzeitung „Die Zeit" und der Tageszeitung „Der Standard", für die fünfzig Experten, Expertinnen und Entscheidungsträger zu diesem Thema interviewt wurden. Die Frage, wer zu diesem „Wir" gehört und wer nicht, überlagert seitdem den gesamten politischen Diskurs – wie zuletzt den Nationalratswahlwahlkampf. Wie sehr es dabei um die eigene Identität und deren Verortung in einer immer komplexeren Welt geht, hat ebenso der bereits erwähnte bisher längste Bundespräsidentschaftswahlkampf gezeigt. Monatelang beherrschten zwei völlig konträre Kandidaten, Alexander Van der Bellen und Norbert Hofer, die Schlagzeilen und mit ihnen die Annahme, Österreich sei zutiefst gespalten, ein in zwei Lagern unversöhnlich geteiltes Land. Nur ganz so schwarz-weiß war und ist es nicht. Zum einen bedingt das Aufeinandertreffen von nur zwei Kandidaten naturgemäß eine Polarisierung, welche im Rückblick auf die Waldheim-Affäre im Bundespräsidentschaftswahlkampf 1986 noch wesentlich größer war. Zum anderen: Es ist – wie so oft – viel komplizierter.

Wer sind wir?

„Es gibt keine zwei großen Lager, sondern fünf Gruppen, in die sich die Österreicher aufteilen", erklärt einer, der es wissen muss. Christoph Hofinger ist an jedem Wahltag in Österreich jener Mann, der uns gemeinsam mit seinem Team um kurz nach 17 Uhr vom Warten auf die erste Hochrechnung erlöst und dank diverser Wahltagsbefragungen über die Motive, die Sorgen und Hoffnungen von uns Wählern Bescheid weiß. Also wer sind wir, wenn eben nicht, wie in den vergangenen Monaten so oft behauptet, eine gespaltene Gesellschaft, und wer sind diese anderen? „Eine in grob fünf Gruppen, sprich Wertemilieus fragmentierte Gesellschaft", antwortet der Sozialforscher, der mit seinem Institut SORA im Auftrag des ORF in einer Studie im Mai 2017 zu folgenden Ergebnissen gekommen ist: Die Österreicher lassen sich in fünf wertebasierte Gruppen gliedern, die sich untereinander einmal mehr, einmal weniger überschneiden. Demnach gibt es nicht einen Spalt, der Stadt und Land, Jung und Alt trennt, sondern viele Bruchlinien, die quer durch das Land sowie die Generationen gehen. Zum Beispiel die Gruppe der „sozial ländlichen Traditionellen", die 22 Prozent ausmacht, legt auf Tradition und Ordnung großen Wert, ist sozial tolerant und lehnt Einschnitte für sozial Schwächere eher ab. Dabei handelt es sich meist um Frauen, eher älter, am Land lebend. Der hohe Stellenwert von Werten, Tradition und Ordnung verbindet sie mit der zweiten Gruppe, eher männlich, auch älter, mit konservativer Einstellung, den sogenannten „ländlichen Antisozialen", die 21 Prozent ausmachen. Antisozial deswegen, weil sie den Sozialstaat betreffend eher rigide Einstellungen vertreten. Völlig konträre Einstellungen hat die dritte Gruppe, jene der sogenannten „optimistischen Weltoffenen", in Zahlen: 23 Prozent. Sie sind jünger, haben einen höheren Bildungsabschluss, leben eher in Städten, bezeichnen sich als weltoffen und haben nach eigenen Angaben ein hohes Vertrauen in die Politik. Ganz im Gegensatz zur vierten, etwas kleineren Gruppe mit 18 Prozent, die als „pessimistische Austrozentriker" bezeichnet werden. Ansichten, die nicht ihren entsprechen, gehen ihnen gegen den Strich. Tradition und Ordnung sind ihnen sehr wichtig und sie blicken, meist männlich, älter und gering gebildet, pessimistisch in die Zukunft. Und dann wäre da noch die mit 16 Prozent kleinste Gruppe der „städtischen Antitraditionellen", die sich als liberal bezeichnen und durchwegs jünger, mit Migrationshintergrund und geringem Einkommen, in den Städten leben. „Stellen Sie sich die Gesellschaft wie ein Sonnensystem vor, in dem sich bildlich diese fünf Gruppen wie Planeten bewegen, deren Umlaufbahnen sich immer wieder überschneiden", erklärt Hofinger. Demnach leben Frau T. und ich auf einem anderen Planeten, haben aber immerhin voneinander erfahren. Die Gefahr besteht laut Hofinger aber, dass wir nicht mehr im gleichen Sonnensystem leben, sondern sich Paralleluniversen entwickeln und zwar dann, wenn die unterschiedlichen Gruppen aufgrund der zunehmenden politischen Polarisierung nicht mehr miteinander ins Gespräch kommen, sich entweder voneinander abwenden, oder das andere Extrem: Wenn sich diese Gruppen nur mehr empört und unerbittlich gegenüberstehen.

Hajo Boomgaarden, der an der Universität Wien politische Kommunikation erforscht, teilt diese Einschätzung: „Das Wir wird kleiner. Die Risse, die Brüche werden immer feiner und Identitäten werden durch die zunehmende Individualisierung immer komplexer." Zwar hat es eine gewisse Fragmentierung der Gesellschaft schon immer gegeben, mittlerweile werden die Fragmente aber immer kleinteiliger und sie werden vor allem durch die sozialen Medien erstmals auch sichtbar. Plötzlich sind da viele andere, die wir früher ohne Facebook und Co. gar nicht wahrgenommen haben. Dass gesellschaftliche Gruppen mehr oder weniger nebeneinander leben und manchmal nie in Kontakt miteinander kommen, das freilich ist auch nicht neu. Vor hundert Jahren war es eher unwahrscheinlich, dass Industriearbeiter in den Städten regelmäßig auf Landarbeiter getroffen wären und diese noch viel seltener auf Akademiker. Die soziale und räumliche Segregation war wesentlich stärker. Und dennoch besteht die Gefahr einer Wir-Krise.

„Es sind die unsichtbaren Unterschiede" wie der Londoner Politikprofessor Eric Kaufmann diese gefährlichen Bruchlinien der Gesellschaft nach dem Brexit-Votum nannte. Dabei geht es – wie seit jeher – um Werte, die sich mittlerweile jedoch nicht mehr auf den ersten Blick an Herkunft, Beruf, Milieu und Symbolen wie zum Beispiel einer bestimmten Automarke erkennen und festmachen lassen. Klare Schablonen wie einst Klassen, traditionelle Milieus lösen sich immer mehr auf, neue entstehen. Identitäten sind stärker zersplittert und lassen sich nicht mehr stereotyp zuordnen. „Die Verortung, die Zuordnung von Identitäten wird immer komplexer und vielschichtiger und definiert sich nicht mehr vorwiegend nach ökonomischen, sondern soziokulturellen Parametern", erklärt Boomgaarden. Das alte Links-Rechts-Schema und damit relativ kohärente und somit erwartbare Weltbilder haben laut Forschung als Erklärmodelle ausgedient, um das Konstrukt Gesellschaft zu begreifen.

So gibt es viele Haltungen, die auf den ersten Blick nicht unbedingt vereinbar erscheinen, wie jene einer ehemaligen Nachbarin, die es falsch fand, die Grenzen unkontrolliert zu öffnen, Obergrenzen befürwortet und dennoch jede Woche einen Nachmittag lang mit jungen Flüchtlingen Deutsch lernt. Christoph Hofinger erklärt diese unsichtbaren Unterschiede, die sich durch ganz Österreich ziehen, am Beispiel eines Wohnhauses besonders anschaulich. Tür 13 und Tür 14 liegen nebeneinander auf der gleichen Etage in einem Gemeindebau. Dort wohnen zwei Arbeiterfamilien mit ähnlichen Einkommen. Tür an Tür. Nummer 13 hat das Gefühl, ihre Nachbarschaft, vielleicht auch ganz Österreich entwickelt sich in die falsche Richtung. Vielfalt, Zuwanderung wird als etwas Bedrohliches wahrgenommen, die Politik nicht als eine auf ihrer Seite empfunden. Ihr Blick in die Zukunft ist ein pessimistischer, in der es ihre Kinder vermutlich einmal schwerer haben werden. Ihre Nachbarn auf Nummer 14 sehen das hingegen positiver, bewerten Vielfalt innerhalb der Gesellschaft gelassener, sind zuversichtlicher für ihre Kinder und trauen der Politik zu, die Lage im Griff zu haben. Zwei Familien, zwei Planeten. Es geht um Offenheit und Zuversicht auf der einen Seite und Pessimismus und Angst auf der anderen. In ein ähnliches Raster, jenes der „Somewheres" und jenes der „Anywheres", teilt der britische Journalist David Goodhart in seinem Buch „The Road To Somewhere" zwei völlig konträre Gruppen mit unterschiedlichen Werteeinstellungen, die sich vor allem durch ihre Wahrnehmung, ihr Verständnis und ihren Umgang mit dem schnellen Wandel unserer Zeit unterscheiden. Es ist die derzeit vielleicht schlüssigste und auch griffigste Erklärung, mit der sich die Risse durch unsere Gesellschaft – und in diesem Fall die Brexit-Entscheidung – besser verstehen lassen. Denn während sich die „Somewheres" eher als bodenständig und verwurzelt begreifen und die Veränderung unserer Gesellschaft durch Zuwanderung als negativ wahrnehmen, fühlen sich die „Anywheres" urban, weltoffen und gehen mit diesen Veränderungen gelassener um.

Die Gefahr besteht dann, wenn es keine Klammer mehr zwischen diesen beiden gibt, die sie zu einem Wir machen. Nichts, das sie mehr verbindet. Diese Entwicklung unserer Gesellschaft ist nicht nur der zunehmenden Individualisierung geschuldet. Es sind auch die fehlenden, immer weniger werdenden Klammern. Traditionen, die verbinden, öffentliche Räume, in denen man trotz aller Unterschiede ins Gespräch kommt, werden immer seltener, wie auch das gemeinsame abendliche Fernsehlagerfeuer, der Zusammenschluss in einem Verein bis hin zum Wehrdienst, wo man sich trotz unterschiedlicher Herkunft und Weltbilder ein Zimmer teilt.

Und dennoch gibt es, bis jetzt kaum beachtet, auch in den sozialen Medien Gegenbewegungen, die solche Klammern schaffen und das Social-Media-Prinzip dabei auf den Kopf stellen. Eine solche ist die deutsche digitale Plattform „nebenan.de", in der es nicht darum geht, sich zu inszenieren und seine Meinung lautstark durch das Netz zu rufen. Es geht darum, mit Menschen Kontakt zu haben, an denen man normalerweise vorbeigeht, sich nicht ansieht und grüßt, obwohl es der Nachbar ist. Mehr als 500.000 User haben sich bisher in mehr als 3.000 Nachbarschaften und 120 Städten auf diese Weise vernetzt und sind ins Gespräch gekommen, sich wenn nötig zu helfen, einfach miteinander zu leben. Kaum jemand pöbelt oder beschimpft andere trotz Meinungsverschiedenheiten in diesem Netzwerk, so die Betreiber, denn alle wissen, man könnte sich jederzeit begegnen.

Die kleinste dieser Klammern ist die Familie oder Freundschaft, die trotz ungleicher Weltanschauungen am Küchentisch zusammenhält. Man ist verwandt, befreundet und bricht nicht leichtfertig miteinander, auch wenn „mein Papa eine Mauer bauen möchte." Ein aufschlussreiches politisches Streitgespräch zweier Familien an einem Esstisch in Nordrhein–Westfalen im „Spiegel" im Februar 2017[6] offenbarte einen Einblick, was passiert, wenn Eltern und Kinder völlig konträre politische Ansichten vertreten. Linksliberal eingestellte Kinder gegen mit der AfD sympathisierenden Eltern. Eine Familie, zwei Generationen, ein Spalt mitten durch den Küchentisch. Fällt diese familiäre Klammer und die dazugehörige Nähe weg, wird es unversöhnlich.

Christoph Hofinger schildert dazu ein persönliches Erlebnis, als er wenige Tage nach der Nationalratswahl seine Tochter vom Fußballplatz abholte. Als er am Spielfeldrand mit einem Journalisten über den Ausgang der Wahl telefonierte, hörten offenbar zwei Männer mit. Einer der beiden sprach Hofinger als „den Mann mit der Hochrechnung aus dem Fernsehen" an. Daraufhin entgegnete sein Gegenüber, dass das alles – also die Wahl – ohnehin geschoben sei. „Im ersten Moment war ich richtig zornig", erinnert sich Hofinger und verhehlt nicht, dass er sich zusammenreißen musste. „Wahlmanipulation wird einem ja nicht täglich unterstellt. Der Vorwurf eines unehrenhaften Verhaltens hat mich echt getroffen." Nach einem kurzen Hin und Her entgegnet der Unbekannte lapidar: „Sie sollten einmal hören, was die Leute hier im Gasthaus so reden." Und damit war das kurze Gespräch auch schon wieder vorbei. „Am Nachhauseweg wurde ich nachdenklich und war dem Herren schlussendlich dankbar, dass er so impulsiv und somit ehrlich seine Meinung gesagt hatte. Schlimmer wäre es, wenn er seine Meinung gar nicht mehr öffentlich machen würde."

Für dieses Erlebnis bzw. Phänomen hat der Sozialforscher einen Namen: Scheuklappengesellschaft. „Unser aller Problem sind Leute gleich welcher politischen Überzeugung, die nicht mehr mit Andersdenkenden reden, sich höchstens anschreien oder klein machen wollen." Teilgesellschaften, die sich selbst genügen, sich allem anderen verschließen. Umgelegt auf die sozialen Medien ist das schon länger bittere Realität. Wir sind mittendrinnen in einer „Krise des Wir"[7] bloggt der Digitalexperte Sascha Lobo in seiner Spiegel-Online-Kolumne. Die sozialen Medien, Facebook und Co. hätten bloß offengelegt, was zuvor wenig bis nicht sichtbar war. Das klingt plausibel. Die Gefahr bestehe, dass uns dabei ein „Fundament unbestrittener Fakten", demzufolge eine gemeinsame Realität, auf deren Basis sich sinnvoll streiten lässt, abhanden kommt.

Prominentes Beispiel dafür sind der US-Präsident und der Klimawandel, den Donald Trump bekanntlich leugnet und damit nicht nur Fakten, sondern auch die Autorität der Wissenschaft in Frage stellt. Aber auf welcher Basis kann dann noch Politik gemacht oder zumindest darüber diskutiert werden, wenn die Realität – in diesem Fall die Erderwärmung – als Erfindung der Chinesen gesehen wird? Die Antwort ist denkbar einfach: Eine Verständigung über Fakten wird verunmöglicht. This road leads to nowhere; nicht nur im Weißen Haus. „Die Sonne dreht sich um die Erde" ist keine Meinung, sondern schlicht und einfach falsch: Fakten bleiben Fakten. Wenn aber jeder unerbittlich seine eigene Wahrheit ohne Wenn und Aber zur Absolutheit erhebt, wird es mit dem gemeinsamen Diskurs, das, was der Philosoph Jürgen Habermas „deliberative Demokratie" nennt, schwer. Letztendlich geht es Habermas darum, dass die Gesellschaft vernünftige Regeln für ihre Kommunikation findet. Dass eben nicht die einen den anderen ihre Wahrheit und Sicht auf die Welt aufdrängen, sondern dass es eine gemeinsame Anstrengung um Argumente und Positionen gibt. Das nennt sich Diskurs, eine Kultur des Streitens wenn man so will. Wenn Fakten aber zu Glaubensbekenntnissen werden und jeder nur mehr von „seiner eigenen" Realität spricht und nicht mehr offen für das Gegenüber und seine Argumente ist, lässt es sich trotz aller konträren Sichtweisen schwer bis gar nicht mehr diskutieren.

Wenn sich 70 Prozent aller Befragten in der Wahltagsbefragung von SORA zur Nationalratswahl am 15. Oktober 2017 quer durch alle Schichten „große Sorgen machen, dass sich unsere Gesellschaft immer weiter auseinanderentwickelt", gilt es, eine Gegenstrategie zu finden. Wenn die Gesellschaft in ein „Wir" und die „Anderen", in Gut und Böse auseinanderdividiert wird, braucht es nicht nur die Bereitschaft, sondern auch die Fähigkeit, sich auseinanderzusetzen, kurzum: zu streiten. Warum es sich zu streiten lohnt? Diese Frage führt uns direkt zu einem großen Missverständnis, oder anders formuliert: Warum hat der Streit eigentlich einen so schlechten Ruf?

DER STREIT UND SEIN SCHLECHTER RUF

*Warum Streit nicht gleich Streit ist?
Warum es den Konflikt braucht und
wir eine neue Streitkultur.*

„Bittebitte nicht streiten!" Sie kennen das vermutlich. Als Kind selbst oft gehört, reicht man diese eindringliche Bitte später weiter. Wer streitet schon gern? Ganz pragmatisch ist so ein Streitgespräch, sofern nicht die Emotionen mit einem bereits durchgegangen sind, oft eine Kosten-Nutzen-Rechnung. Lohnt es sich, steht es dafür, nicht wissend wie diese Auseinandersetzung ausgeht? Lieber den Mund halten, bevor man von den Leuten Applaus bekommt, von denen man eigentlich keinen will? Ist das Thema wirklich wichtig genug oder spare ich mir meine Energie lieber für Wichtigeres? Ja, wofür eigentlich?

Themen, für die es sich zu streiten lohnt, hätten wir derzeit genug. Wie schon lange nicht mehr gilt: Bitte streiten! Aber warum funktioniert das im Kleinen wie im Großen kaum je einmal? Sich gegenseitig anschreien, das geht ja immer. Aber echter Streit? Auf Augenhöhe, leidenschaftlich, fair, hart in der Sache. Wie notwendig Streit ist, weil er bestenfalls gegensätzliche Spannungen auflöst und somit Zusammenhalt fördert, hat Georg Simmel vor mehr als hundert Jahren in einem Essay unter anderem am Beispiel der Ehe beschrieben.[8] Ein Ehepaar, das sich nichts mehr zu sagen hat, lebt bestenfalls nebeneinander her. Wenn am Nebentisch zwei Menschen sitzen, die sich von der Vorspeise bis zum Dessert gegenseitig anschweigen, ist man selbst als Beobachter unangenehm berührt. Dann schon lieber streiten. Das ist nicht nur für unsere Beziehungen, Partnerschaften, Geschäftskontakte, Freundschaften, unsere Identität elementar, sondern auch – schlag nach bei Dahrendorf – für eine lebendige Demokratie, die der Soziologe „institutionalisierten Streit" nennt. Verhandelt wird dabei nicht nur in Nationalratsdebatten, im Wettstreit zwischen den Parteien, sondern ebenso in den tagtäglichen Diskussionen im Büro, zu Hause, unter Freunden, mit Fremden virtuell oder Face-to-Face.

Aber Streit ist eben nicht gleich Streit. Streitkultur meint nicht den ritualisierten Schaukampf, den wir so oft auf der politischen Bühne sehen. Zur Politik gehören zwar auch Inszenierung und Show. Alle, die jetzt den Kopf schütteln, seien an die ersten „Ach-wie-fad-und-farblos"-Rufer erinnert, wenn ein Politiker ausnahmslos sachlich argumentiert. Im Idealfall sind es inhaltlich harte Konfrontationen um die beste Lösung statt gegenseitiger Ablehnung, Verachtung oder Ausgrenzung. Eine Demokratie, in der nicht gestritten wird, ist keine. Und trotzdem hat der Streit ein negatives Image.

In Österreich werden mit dem Versprechen, nicht mehr zu streiten, Wahlen gewonnen. „Genug gestritten!" plakatierte Werner Faymann 2008 im Wahlkampf. Dass Streiten hierzulande als etwas fast Verpöntes gilt, liegt einerseits an der jahrzehntelangen Konsensdemokratie bis hin zur Lethargie, in der gesellschaftliche Interessen nicht streitbar auf offener Bühne im Parlament, sondern im Hinterzimmer ausverhandelt wurden. Andererseits handelt es sich um ein aufgrund vieler Erfahrungen nachvollziehbares Missverständnis. Daran sind wir Journalistinnen und Journalisten nicht ganz unschuldig. Nur allzu oft werden Auffassungsunterschiede mit „schon wieder wird gestritten" quittiert. Dabei geht es selten darum, worüber gerade gestritten wird, sondern vorwiegend um das Wie, das auf einen Schlag die notwendige Auseinandersetzung in Frage stellt. Diskutiert wird dann öffentlich, wer wem widersprochen hat, wer gegen wen in den Ring steigt, anschließend werden Haltungsnoten verteilt. Um die Sache geht es dabei nicht oder nur am Rande; egal welche politische Konstellationen aufeinander treffen oder ob Regierung und Opposition Farben getauscht haben. Konflikte, die zum Duell oder gar Krieg der Worte aufgeblasen werden, verstärken dieses Missverständnis und formen somit ein falsches Bild. Demokratie bedeutet eben nicht Harmonie. Das Gegenteil ist der Fall. Und selbst wenn die Harmonie und der Gleichklang zur politischen Inszenierung wird, hinter dem Vorhang wird selbstverständlich um Positionen gerungen. Was sonst, Demokratie lebt nun mal vom Wettstreit unterschiedlicher Konzepte und Ideen.

Widerspruch und Streit um das bessere Argument sollte uns an- und vorantreiben. Stattdessen beherrscht unsere Konfliktkultur ein unerfreuliches Klein-Klein; das unerbittliche Gegeneinander inklusive Unterstellungen und Gemeinheiten, um dem anderen ja keinen Erfolg zu gönnen. Alles, was von einem selbst kommt, ist gut. Alles, was von der anderen Seite kommt, ist schlecht – schon nimmt die Polarisierung Fahrt auf. Im Grunde ist das bequem und einfach. Es geht um das Rechthaben und Gewinnenwollen und am Ende gibt es in diesem Schlaglicht trotz eines Kompromisses dann immer nur Verlierer, die sich nicht hundertprozentig durchsetzen konnten. Wieder so ein Missverständnis: Kompromisse bestehen ihrem Wesen nach darin, dass sich beide Seiten eben nicht zu hundert Prozent durchsetzen.

Innen- und Außensicht

Der Blick von außen auf die heimische Debatte kann gnadenlos sein. In Österreich gibt es schlichtweg keine politische Streitkultur, sind sich fast alle Auslandskorrespondenten einig. Die „Verhaberung" bestimme die Politik in diesem kleinen Land, bilanziert die ehemalige Korrespondentin der „Süddeustchen Zeitung" Cathrin Kahlweit nach fünf Jahren in Wien. Österreich ist schön und klein, aber manchmal eben „too small". Jeder kennt hier jeden in der politmedialen Blase und zwischen all den Netzwerken und Seilschaften diskutieren wir Journalisten nach dem letzten Nationalratswahlkampf noch immer Grundsätzliches, nämlich Distanz und Nähe gegenüber Politikern und deren Folgen. Immerhin wird über das öffentlich diskutiert, was Kahlweit allgemein als „japanische Kultur" im Alpenland ausmacht: Falsch verstandene Höflichkeit, bloß keine Kritik, und wenn, dann hinten herum, ein wenig Beißhemmung dort, ein wenig Feigheit da, Differenzen laut und deutlich auszusprechen und auszutragen. Da kann es bisweilen extrem eng und flach im öffentlichen Raum werden. Hart an der Kante wird in Österreich selten diskutiert. Vielmehr wiederholt sich das öffentliche Hin und Her in ähnlicher Dramaturgie wie in einer Endlosschleife immerfort.

Das Bemerkenswerte an dieser für die Parteien notwendigen gegenseitigen Abgrenzung: Anstatt einer inhaltlich fundierten Auseinandersetzung regiert die reflexartige Ablehnung bis hin zur Diskussionsverweigerung. Nach diesem Muster verläuft die Debatte seit Jahren nicht nur hier in Österreich, sondern insbesondere in Deutschland, seitdem die AfD im Bundestag sitzt. Die einen wollen mit „solchen Leuten" nicht einmal debattieren, woraufhin die anderen „Ausgrenzung" rufen und das Spiel beginnt wieder von vorne ohne nennenswerten neuen Erkenntnisgewinn.

Messen lässt sich die gegenseitige Ablehnung auch nach einem Interview mit Politikern spätabends live im Fernsehen. Auch wenn die letzte Frage noch nicht gestellt und der letzte Satz noch nicht gesprochen ist, wird auf Twitter und Facebook schon scharf geschossen. Je nach Parteizugehörigkeit und Sympathie kann das Interview mit dem politischen Konkurrenten nicht kritisch und hart genug sein, während ebenso kritische Fragen an die eigenen Parteifreunde als Majestätsbeleidigung empfunden werden. Die Unzufriedenheit angesichts kritischer Fragen kennt keine

Parteigrenzen. Dabei wird es erst immer dann richtig spannend, wenn die Mikrofone aus, die Kameras abgedreht sind und die Anspannung weg ist. Manche legen dann – der eine mehr, der andere weniger – ihre Rolle ein wenig mit dem Scheinwerferlicht ab und erzählen ganz authentisch, was zuvor wortreich in Phrasen verpackt wurde. Das gilt nicht nur für Politiker. Zu oft verlaufen Auseinandersetzungen und mit ihnen die mediale Berichterstattung wie nach ein- und demselben Drehbuch, an das sich immer wieder alle brav als Teil eines inszenierten Rituals halten. Im Büro und zu Hause ist das oft nicht viel anders und wenn man selbst nicht gerade mittendrin steckt, möchte man am liebsten vom Spielfeldrand aus laut rufen: „Überrascht uns doch einmal und fallt aus eurer Rolle!"

Wir haben nicht gelernt, richtig zu streiten. Die Zweite Republik, lange als Konsensdemokratie bezeichnet, ließ wenig Spielraum, um eine echte Streitkultur zu entwickeln. Allerdings lassen sich so wichtige und immer drängendere Fragen des Zusammenlebens in einer globalisierten Welt nicht mehr mit Durchwurschteln, Wegschauen, Dauerempörung oder „Skandal!-Skandal!"-Rufen lösen. Nehmen wir zum Beispiel die große Herausforderung der Integration, des Zusammenlebens trotz kultureller und religiöser

Unterschiede angesichts der Tatsache, dass immer mehr Muslime in Europa leben. Das lässt sich weder wegdiskutieren oder kleinreden noch durch Ressentiments mancher, die offenbar an die Existenz von Zeitmaschinen glauben, rückgängig machen. Darüber wird es von und mit beiden Seiten eine offene Debatte mit klaren Regeln brauchen, um Tatsachen eben weder schön- noch schlechtzureden. Mit der Realität hat weder die Behauptung, es gebe nur Probleme, noch das Augenzudrücken, eh alles paletti, viel zu tun. Dieses Thema ist wesentlich komplexer, ob gewollt oder nicht, und es ist ebenso ein Beispiel dafür, dass es nicht nur die Aufgabe von Politikern sein muss und kann, wichtige Fragen wie diese aktiv und mit Augenmaß zu verhandeln. Das Thema betrifft und fordert jeden Einzelnen von uns. Es ist naiv zu glauben, all das lässt sich mit gutem Willen rein rational und mit möglichst wenig Emotion diskutieren und verhandeln. Rein rational diskutieren und streiten, um am Ende zu einem Konsens zu kommen, wie es in den Sechzigerjahren Jürgen Habermas vorschwebte, das funktioniert leider nur in der Theorie. Der tägliche Blick in die Onlineforen genügt. Dort regiert allzu oft der unversöhnliche Ton, gefolgt von der unverhohlenen Wut auf den anderen.

So wird aus Streit Hass. Aber wie kommt es erst gar nicht so weit und wie lässt sich die Debattenkultur verbessern? Darüber zerbrechen sich viele den Kopf. Braucht es Richtlinien, jemanden in der Mitte, Moderatorinnen und Moderatoren, um die Debattenqualität zu heben oder sogar künstliche Intelligenz wie einen „De-Escalation Bot"[9], eine Software, die gerade von „derStandard.at" entwickelt wird, um die Diskussionsqualität zu erhöhen und persönliche Angriffe und Beschimpfungen abzufangen. Dass der sogenannte Enthemmungseffekt wesentlich kleiner ist, wenn man sich direkt gegenüber sitzt, liegt auf der Hand. Und dennoch gibt es zu wenig echte Konfliktbereitschaft in stürmischen Zeiten. Die Orte dazu fehlen. Aber es tut sich etwas und so wird wieder auf ein Format, das im späten 19. Jahrhundert weit verbreitet war, zurückgegriffen: Den Salon, der ursprünglich auch Frauen Zugang zur Öffentlichkeit ermöglichen sollte. Ob Tafelgespräche, Bürgerforen, Salon- oder Clubgespräche, Bürgermeisterstammtische, es geht um den Austausch miteinander, der ansonsten nicht stattfinden würde. Je diverser umso besser.

Debatten brauchen Orte, öffentliche Räume, wo alle Menschen mit unterschiedlichen Ansichten und Biografien zusammenkommen. Genau das ist auch die Aufgabe und Stärke des Fernsehens wie einst der legendäre „Club 2", auf dessen brauner Ledergarnitur rund um einen Glastisch spätabendlich Menschen völlig konträrer Ansichten aufeinandertrafen und lauthals stritten – wochenlange Diskussionen darüber inklusive. Es braucht den Konflikt, den Dissens, gegensätzliche Meinungen. In Harmonistan[10] lässt es sich nicht streiten und so erstrebenswert das Ideal der deliberativen Demokratie auch ist, so sehr bleibt es ein Ideal. Harmonie, eine Meinung in einer pluralistischen Gesellschaft, die alle teilen, erscheint utopisch oder gar undemokratisch.

Aber wie geht das, zivilisiert streiten? Das besinnungslose Dauerfeuer im Netz bringt uns offensichtlich nicht weiter und auf Dauer unseren Diskurs und unser Miteinander um. Ob Klimawandelleugner, Impfgegner, Esoteriker, Veganer oder Fleischesser, Rad- oder Autofahrer, Rechte oder Linke, der Dissens gehört dazu. Was es braucht, ist eine neue Form der Auseinandersetzung.

DUELL STATT DIALOG – DIE NEUE UNERBITTLICHKEIT

It's the emotion, stupid! Warum Emotionen Argumente und Fakten schlagen und wir uns deswegen duellieren anstatt zuzuhören.

Zuhören, nachfragen oder doch schnell schießen? Letzteres. Ob links, rechts, liberal, national, konservativ oder progressiv, die „einzige Wahrheit" findet sich beinahe ausnahmslos auf der eigenen Seite. Widerspruch wird nicht geduldet – Duell statt Dialog. Da ist kein Platz für entgegengesetzte Meinungen. Es regiert der Reflex, gegen den anderen zu sein, anstatt einmal zuzuhören oder für seine eigene Position zu argumentieren. Es geht ums Rechthaben und der Widerspruch wird dabei in erster Linie moralisch erledigt: gut oder böse, dafür oder dagegen – und fertig. Man muss nicht harmoniesüchtig sein, um das anstrengend und ermüdend zu finden. Die eigentliche Frage ist doch: Wie ertragreich diese gegenseitige Unerbittlichkeit tatsächlich ist und was sie mit uns und unserer Streitkultur macht, nachdem der letzte verbale Matchball verwertet ist.

Sich gegenseitig etwas an den Kopf werfen geht immer, reflexartig Dagegensein noch leichter. Wenn die Positionen aber derart ineinander verkantet sind, wird selbst ein kontroversielles Gespräch unmöglich. In Zeiten des politischen und damit gesellschaftlichen Umbruchs, wo es mehr denn je um die Deutungshoheit konkurrierender Modelle und Weltbilder des Zusammenlebens geht, führt das letztlich nur zu noch mehr Lärm, mehr Tempo und noch stärkerer Polarisierung.

Inhaltliche Debatten? Auch hier in Österreich übertönt Ablehnung, Spott und Hohn auf der einen Seite und auf der anderen kritiklose Bewunderung samt Jubel eine im Ton sachliche Auseinandersetzung im Bezug auf die Regierung. Am Ende geht es dann gar nicht mehr um die wesentlichen Fragen, etwa: Welches Gesellschaftsmodell samt aller Konsequenzen für unser Zusammenleben wollen wir überhaupt, sondern nur noch darum, wer auf der dunklen und wer auf der hellen Seite der Macht steht. Dass Auseinandersetzungen in emotionsgeladenen, tendenziell vernunftarmen Zeiten eines Wahlkampfes nach eben diesen Feind-Freund-Mustern ablaufen und dabei – wie in der letzten Wahlauseinandersetzung – die letzten Reste politischer Kultur begraben werden, mag da kaum verwundern. Das unerbittliche Gegeneinander, der raue Ton gehört mittlerweile zum Alltag. Jedes „aber" führt zu einer heftigen Reaktion. Wer nicht für mich ist, ist gegen mich. Das wird sich politisch im Kampf um die Lufthoheit über die analogen und digitalen Stammtische auch so schnell nicht ändern. Und die Dialogverweigerung nimmt zum Teil groteske Züge an, wenn zum Beispiel die Junge Volkspartei Wien Anfang Jänner 2017 für ihren traditionellen „Neumitgliederempfang" Räumlichkeiten eines traditionsreichen Programmkinos samt Bar mietet, wo ansonsten links-orientiertes und alternatives Publikum sitzt und feiert. Das Stammpublikum ist ob der Gäste anderer politischer Einstellung derart empört, dass es zur Gegenkundgebung aufruft. Selbst der Zwischenruf des Geschäftsführers, das Kino sei seit jeher ein „Freiraum der Offenheit und Toleranz und ein Ort des Dialogs", verhallt im Rausch der Empörung.

Auch wenn das oft bemühte „Ende der Ideologien" bereits abgesagt wurde, heißt es wieder links gegen rechts – und umgekehrt. Die Unversöhnlichkeit dabei bestimmt aber nicht nur die politische Arena, sondern auch das Private, das ja bekanntlich politisch ist, und so werden selbst alltägliche Fragen vom Auto- oder Radfahren bis hin zum Essen und deren gesellschaftspolitische Tragweite mitunter militant verhandelt. Darüber lässt es sich trefflich streiten, welche Lebensweise ist nicht nur persönlich gut, sondern auch gesellschaftlich nachhaltig? Aber selbst in einer kleinen Runde unter Freunden und Bekannten kommen Sie da mit Sachargumenten oftmals nicht weit. Mittlerweile werden fast alle Lebensbereiche mit Moral aufgeladen und am Ende verkommt das jeweilige Thema zur Glaubensfrage von Gut oder Böse, Auto oder Rad, Fleisch oder vegan, richtig oder falsch? Well, that escalated quickly.

Wie absurd das mitunter sein kann, zeigt der sogenannte „Wurstkrieg", den ich Ihnen nicht vorenthalten will, auch wenn er schon einige Jahre zurückliegt. Es ging wortwörtlich um die Wurst: eine Scheibe Wurst und einen 213 cm großen Mann. Dirk Nowitzki, einer der weltbesten Basketballspieler, verdiente sein Geld unter anderem mit Werbung für eine deutsche Bank. Diese schickte den gebürtigen Deutschen für einen Werbespot in eine Fleischerei seiner Kindheit, um an die gute alte Zeit zu erinnern. Nowitzki trifft dort alte Bekannte und bekommt von der Verkäuferin mit den Worten eine Scheibe Wurst gereicht: „Was haben wir früher immer gesagt?" „Damit du groß und stark wirst", antwortet Nowitzki. Wie damals. Der Werbespot endet mit der Botschaft: „Wenn du einfach mehr bekommst." Gemeint sind damit die günstigen Konditionen. Soweit so gelungen. Oder auch nicht. Eine Geschmacksfrage.

Von Null auf Hundert. Der Werbespot hatte ein Nachspiel. Dabei ging es jedoch um eine ganz andere Geschmacksfrage. Wurstessen, darf man das heute noch? Die Antwort darauf war ein Shitstorm. Der Bank wurde vorgeworfen, keine Rücksicht auf Veganer und Vegetarier zu nehmen und zu suggerieren, Fleischkonsum mache groß und stark. Empörung auf Knopfdruck. Die Antwort der Fleischesser folgte prompt, die Wurst lasse man sich sicher nicht wegnehmen. Tagelang tobte ein erbitterter Streit um Weltanschauungen und die „einzig richtige" Lebensweise. Das Ungewöhnliche daran ist nicht die durchaus berechtigte und wichtige Streitfrage über das Für und Wider von Fleischkonsum, sondern *wie* darüber verhandelt wird: fast ausnahmslos in Frontstellung. Dass Themen, die unsere Lebenshaltung betreffen, emotionalisieren, polarisieren, überrascht nicht, ebenso, dass solche Streitfragen leidenschaftlich diskutiert werden. Das ist Ausdruck und Resultat einer kritischen Debattenkultur und somit begrüßens- und wünschenswert. Was aber immer wieder aufs Neue verwundert, ist die Wucht der Reaktion, manchmal aggressiv bis hämisch und zuweilen auch hasserfüllt. Beobachten lässt sich das auch regelmäßig, wenn überzeugte Autofahrer mit ebensolchen Radfahrern streiten, wem gehört die Straße? Und wer schon einmal miterlebt hat, wie an einem Elternabend die Empörung auf Touren kommt, nachdem die Lehrerin an die Hausordnung erinnert, wonach Smartphones während der Schulzeit und somit auch in den Pausen nicht benützt werden dürfen, verlässt das Klassenzimmer spätabends mitunter irritiert.

Wie so oft, wenn es um Themen geht, die unsere unmittelbare Lebens- und Wertewelt betreffen, schwingt moralische Überlegenheit mit. Es geht darum, aufrecht empört auf der richtigen Seite des Shitstorms zu stehen, den „Porno des Rechthabens"[11], wie es der „Kurier"-Kolumnist Guido Tartarotti so treffend formuliert. Als Demonstration der eigenen Überlegenheit gegenüber den anderen beschreibt der Psychologe und Psychiater Wolfgang Schmidbauer das Phänomen als „Helikoptermoral"[12]. Es wird scharf geschossen, es geht um Rechthaben und Besserwisserei, Kritik um der Kritik willen, anstatt dieser sachlich fundiert genug Raum, Gewicht und somit Stellenwert zu geben. Das ist zwar bequem und oftmals ehrlicherweise auch eine Genugtuung, erkenntnisreich ist es aber nicht. Während auf der einen Seite reflexartig drauf los kritisiert wird, wird auf der anderen Seite jede Kritik, sei sie auch noch so berechtigt und nachvollziehbar, zum Bashing oder

Shitstorm hochstilisiert, bis alle müde und erschöpft ihre Smartphones wieder einstecken. Nur, so wird das nichts mit einem wirklich kritischen Diskurs, in dem es aufgrund der Daueraufgeregtheit weder Zeit noch Platz zum Differenzieren und ebenso wenig Bereitschaft gibt, dem anderen wirklich zuzuhören.

Aber vielleicht hilft das hier besser zu verstehen, warum unsere reflexartige Ablehnung und Kritik nur selten auf Vernunft begründet sind. In der Kognitionsforschung nennt sich dieser Vorgang „motivated reasoning". Meinungen, die nicht in unser Weltbild passen, werden kritischer gewichtet oder abgelehnt. Gleichzeitig suchen wir nach Hinweisen, die unseren Überzeugungen entsprechen (selektive Zuwendung). All diese Phänomene (cognitive bias) beschreiben, wie wir Informationen unbewusst und verzerrt mittels Heuristiken, also Denkstrategien, verarbeiten, um uns zurechtzufinden.

It's the emotion, stupid!

Jahrzehntelang sind wir dem Irrglauben aufgesessen, die Vernunft leitet uns und lässt uns rational entscheiden. Nur, so funktioniert weder die Politik, die Gesellschaft noch jeder Einzelne von uns, wie wissenschaftliche Studien aus Psychologie, Politikwissenschaften und Ökonomie, zum Beispiel jene der Psychologen Amos Tversky und des späteren Wirtschaftsnobelpreisträgers Daniel Kahneman[13], eindrucksvoll belegen. Selbst Wahlentscheidungen werden nicht rational und strikt nach Inhalten getroffen. Diese Erkenntnis verblüfft immer wieder. It's the emotion, stupid!

Wir denken emotional, somit unbewusst und wägen nicht – wie gerne angenommen – jede Entscheidung nach Maßstäben von Vernunft und Logik ab. Vielmehr leiten uns Gefühle und wir schieben selbst Fakten, die nicht in unser Weltbild passen und unseren Erwartungen entsprechen, einfach zur Seite, ignorieren sie oder halten sie für falsch. Fakten haben nur dann Einfluss auf unsere Positionen, wenn sie in unser Bild passen. Bestes Beispiel für diesen unbewussten Vorgang, der aus Psychologie, Politikwissenschaften und Ökonomie „confirmation bias" (Bestätigungsfehler) genannt wird, ist unser Sicherheitsempfinden. Da kann die Kriminalitätsstatistik im Laufe der Jahre noch so viele Rückgänge an Verbrechen und somit Erfolge verbuchen, wer sich unsicher fühlt, lässt sich davon weder beeindrucken noch überzeugen.

Emotionen schlagen Fakten und damit wird Politik gemacht. Wie chancenlos da die Vernunft sein kann, beschreibt die Psychologin und Neurowissenschaftlerin Tali Sharot anhand eines eigenen Erlebnisses.[14] Es ist der 16. September 2015. Donald Trump befindet sich im Vorwahlkampf und Tali Sharot sieht ihm dabei in einer TV-Debatte auf ihrer Wohnzimmercouch zu. Bei diesem Fernsehduell traf Trump auf den Neurochirurgen Ben Carson, ebenfalls Republikaner. Als er seine Behauptung wiederholt, Kinderimpfungen seien gefährlich, weil sie die Wahrscheinlichkeit erhöhen, an Autismus zu erkranken, kontert der Arzt mit wissenschaftlich erhobenen Zahlen, harten Fakten also. Trump antwortet – wie üblich – emotional und vergleicht die Spritze, mit der Kinder geimpft werden, mit einer „Pferdespritze", die um ein vielfaches größer ist. Was läuft jetzt in ihrem Kopf ab? Genau. Sie sehen wahrscheinlich, so wie ich und die meisten von uns, ein hilfloses Baby und eine riesige Spritze. So erging es auch Tali Sharot, selbst Kognitionsforscherin und zu diesem Zeitpunkt Mutter eines erst sieben Wochen alten Babys. Als Trump noch nachlegt und von einem angeblichen Fall eines nach der Behandlung erkrankten Kindes erzählt, überkommt auch Sharot trotz aller Fakten und Studien, die sie als Wissenschaftlerin dazu kennt, ein Gefühl der Unsicherheit. „Meine Reaktion

darauf kam prompt und direkt aus dem Bauch."
Warum diese Reaktion nichts mit Logik zu tun hat,
erklärt sie anhand der Vorgänge, die sich währenddessen in ihrem Hirn automatisch nach bestimmten
Mustern abspielen.[15] Donald Trump hat demnach das
Denken von Tali Sharot durch ein bedrohliches Bild
beeinflusst und somit seiner Position, Impfen *kann*
gefährlich sein, den passenden Rahmen gegeben.
In der Linguistik wird dieser Vorgang „Framing"[16]
genannt, also wie Sprache unser Denken und Handeln
beeinflusst und dass man seine Positionen sprachlich
in einen bestimmten Deutungsrahmen einbettet.

Der Kampf um die Deutungshoheit herrscht aber
nicht nur in der Politik, sondern ebenso im persönlichen Gespräch. Wir handeln, urteilen nach unseren
moralischen Vorstellungen, ohne dass es uns bewusst
ist und entscheiden sekundenschnell in automati-
sierten Prozessen nach mentalen Mustern, was gut
und was schlecht ist, ob wir dafür oder dagegen sind.
Aus diesem Grund verstärken wir bei Widerspruch
sofort unsere Gegenposition und versuchen reflexartig, dem Gegenüber klar zu machen, warum wir im
Recht sind. Insbesondere für politische Diskussionen
bedeutet das, dass „Argumente eine begrenzte Über-
zeugungskraft haben, weil in ihnen stets ein Stück

Selbstgerechtigkeit steckt: Je konfrontativer wir sie vertreten, umso hartnäckiger ist der Widerstand, auf den wir stoßen",[17] erklärt der Moralpsychologe und Professor an der New York University Jonathan Haidt, der eindrucksvoll in seinem Bestseller „The Righteous Mind" beschreibt, wie uns unsere Werte und Intuitionen aufgrund unserer Evolutionsgeschichte leiten und wie sehr dadurch Entscheidungen und politische Einstellungen beeinflusst werden. Unsere Moral ist demnach angeboren und laut Haidt nur bedingt veränderbar. Sie ist unser Schnellrichter. Wir urteilen intuitiv, strategische Überlegungen folgen erst später, um die zuvor unbewussten Entscheidungen zu begründen. Da können Sie noch so leidenschaftlich mit Fakten ihre Meinung verteidigen, Sie werden ihr Gegenüber nicht erreichen und das bringt eine völlig neue Perspektive mit sich, um das unversöhnliche Gegeneinander besser zu verstehen. „Morality binds and blinds"[18] erklärt Jonathan Haidt pointiert. Unsere Moral verbindet uns einerseits mit ideologisch Gleich- und Ähnlichdenkenden und macht uns andererseits zugleich blind gegenüber der Tatsache, dass auch Andersdenkende Wichtiges zu sagen haben. Wir blenden es einfach aus. Schlechte Voraussetzungen für konstruktiven Streit, denn der Wunsch, Bestätigung für die eigenen Normen zu erhalten, ist größer als das

Bedürfnis nach Austausch und somit einer argumentativen Auseinandersetzung um eine gemeinsame Basis. Aber immerhin, die gegenseitige Unerbittlichkeit zwischen Konservativen und Progressiven, Rechten und Linken erscheint somit verständlicher. Das ist immerhin ein erster Schritt, um das Gegeneinander, das unerbittliche Gegenüber, aber auch das unversöhnliche Festhalten an eigenen Positionen zu verstehen. Und so ordnet Haidt den beiden Gruppen ausgehend von seinen sechs moralisch universellen Grundprinzipien – Fürsorge, Fairness, Freiheit, Loyalität, Autorität und Reinheit – bestimmte Werte und unterschiedliche Denkstile zu. Je nach politischer Ausrichtung werden unterschiedliche moralische Grundsätze bevorzugt. Während sich Progressive vermehrt auf drei Wertesysteme wie jenes der Freiheit, Gerechtigkeit und Solidarität fokussieren und dabei zu einem eher analytischen Denkstil tendieren, ist die Bandbreite Konservativer größer. Ihnen wird ein eher intuitiver Denkstil zugeschrieben.

Mit Zahlen, Daten und Fakten alleine lässt sich demnach weder ein Wahlkampf führen noch eine politische Auseinandersetzung im Wohnzimmer. Es geht um Werte und nach den Untersuchungen des bekannten US-Linguisten George Lakoff um unterschiedliche Erwartungshaltungen, die wiederum aus unterschiedlichen Erziehungsstilen resultieren, weswegen sich Menschen mit progressiven, linken Weltbildern und Menschen mit konservativen, rechten Vorstellungen eher in einem Duell als in einem Dialog gegenüberstehen. Während die konservative Seite auf Strenge und Disziplin setzt, erwartet die progressive Seite Fürsorge und in der Migrationsfrage zum Beispiel demnach Schutz. Die Annahme, jemanden von seinen Überzeugungen mittels seines eigenen moralischen Rasters zu überzeugen, führt zu wenig bis gar nichts. Diese Erkenntnisse der Moralpsychologie helfen zu verstehen, warum sich Debatten selten um ein Sowohl-als-auch, sondern vielmehr um ein Entweder-oder drehen. Zumindest das Wissen darüber kann in einer Diskussion helfen und das Verständnis von Politik im besten Fall stärken. Ein Beispiel dazu:

Das Meinungsforschungsinstitut SORA untersucht seit zehn Jahren die Einstellungen der Österreicher und Österreicherinnen zu den Themen: Flüchtlinge, Migration und Integration. Dabei zeigt sich immer wieder das Phänomen widersprüchlicher Einstellungen, das sich sowohl als Bedürfnis nach Abschottung als auch nach Hilfe für Flüchtlinge ausdrückt.

Erinnern wir uns an dieser Stelle an meine Begegnung mit Frau T.: Sie spricht sich gegen mehr Flüchtlinge aus und erklärt zugleich, dass Flüchtlinge natürlich ein Recht auf Schutz und Hilfe hätten. Dass die Themen Abschottung und Härte gegenüber den Flüchtlingen und Zuwanderern seit zwei Jahren die politische Rhetorik und somit den öffentlichen Diskurs beherrschen, führen die Meinungsforscher jedoch nicht primär auf das Bedürfnis der Bevölkerung zurück, auf das die Politik Bezug nimmt, sondern umgekehrt. Parteien bedienen und verstärken mit ihrer Rhetorik und den dazugehörigen Frames, also den sprachlichen Rahmen, dieses eine spezifische Bedürfnis der Bevölkerung.[19] Wie dominant das Thema „Asyl und Migration" den öffentlichen Diskurs und somit unsere Wahrnehmung prägt, zeigt auch eine Auswertung österreichischer Tageszeitungen durch die Austria Presse Agentur, wonach Berichte zu „Flucht und Asyl" mit mehr als 30.000 Beiträgen die Themenlage insbesondere im Nationalratswahlkampf 2017 bestimmten. Im Vergleich fand sich das Thema „Jobs und Arbeitsmarkt" weit abgeschlagen in der Aufmerksamkeit in nur rund 7.400 Beiträgen; der Klimawandel zum Beispiel war Thema in rund 5.600 Beiträgen.[20] Stimmung und Meinung werden politisch und medial verstärkt. „Emokratie" nennt sich die zunehmende Herrschaft der Emotionen in der Öffentlichkeit, die in immer wieder neuen Formatierungen polarisieren.

Die neue Unerbittlichkeit – „Wir" gegen „Die"

Die zunehmende Polarisierung, die unter all diesen Debatten liegt, lässt sich grob in zwei Wörter fassen: links und rechts. Obwohl das Ende dieser ideologischen Gegensätze in den letzten Jahren so oft von Politikern beschworen wurde, die Auseinandersetzung wird seit geraumer Zeit mit neuer Entschiedenheit geführt. Es ist ein Kampf um die Hegemonie. Gekämpft wird da nicht nur auf Twitter oder in den Kommentarspalten des Feuilletons, mittlerweile werden ganze Bücher mit Titeln wie „Mit Linken leben" oder „Mit Rechten reden" gefüllt. Jede Seite pocht zwecks ideologischer Selbstbestätigung auf die eigene Wirklichkeit samt Absolutheitsanspruch. Das Absurde daran: Beide Seiten – sowohl links als auch rechts – verbindet der gegenseitige Vorwurf, intolerant zu sein, den anderen auszugrenzen und beide Seiten bemühen dazu das Recht auf Meinungsfreiheit in recht eigenwilliger Weise. Handgreiflichkeiten inklusive, und das nicht auf irgendwelchen einschlägigen Demonstrationen, sondern auf der Frankfurter Buchmesse. Drei Verlage, die dem rechten bis rechtsextremen Spektrum zugerechnet werden, stellten ihre Bücher, darunter „Mit Linken leben", im Herbst 2017 neben mehr als 7.000 weiteren Ausstellern auf der Buchmesse vor.[21] Nicht das erste Mal, wie der Veranstalter, der Börsenverein des Deutschen Buchhandels erklärte. Die Auseinandersetzung mit politisch Andersdenkenden, wenige Monate, nachdem die rechtspopulistische AfD in den Bundestag gewählt wurde, eskalierte jedoch. Statt hart geführter Diskussionen gab es Tumulte auf der Buchmesse. Wenn politische Gestaltung als Verhandeln von Themen zwischen entgegengesetzten Standpunkten – gemeint sind damit explizit nicht extremistische oder fanatische Ansichten – verstanden wird oder wie es der Politikwissenschaftler Jan-Werner Müller definiert, als „delikate Mischung aus Konflikt und Kooperation"[22], dann muss dazwischen etwas passieren: Ein offener und kritischer Diskurs, der Argumente von Grenzüberschreitungen klar trennt und sanktioniert. Mit zunehmender Empörung und zugleich Abschottung wird das aber immer schwieriger. Vom moralischen Hochsitz aus lässt es sich eben schwer streiten.

Moral ist zwar ein wirkungsvolles Mittel, um sich gegenüber dem anderen zu immunisieren, aber sie macht einen Wettstreit über Inhalte und Themen auf Dauer nicht nur langweilig erwartbar, sondern fast unmöglich. Es sind beide Seiten, die eine notwendige Kultur dieser Auseinandersetzung für die Gesellschaft verhindern. Und beide, erklärt der Historiker Timothy Garton Ash, schränken dabei die Redefreiheit, auf die sie so pochen, ein. Während die Rechtspopulisten die Welt in ein „Wir" und in ein die „Anderen" auseinanderdividieren und die Parole „Wer nicht für uns ist, ist gegen uns" ausgeben, beschneidet die linke Gegenseite die Redefreiheit durch ihre Forderung nach politischer Korrektheit. Sprechverbote von beiden Seiten: Die einen fordern, dass man Dinge („Das wird man ja wohl noch sagen dürfen") endlich wieder aussprechen darf, während die anderen verlangen, dass man nicht alles einfach so sagen dürfe. Und so grassiert laut Ash gerade an Universitäten, an denen alles, auch die anstößigste Meinung auf zivilisierte Weise diskutiert werden sollte, eine zunehmend „pathologische Bereitschaft, sich sofort verletzt zu fühlen".[23] Statt gegenseitiger Unerbittlichkeit das andere Extrem: gar kein Diskurs mehr. Beobachten lässt sich das nicht nur an amerikanischen Universitäten, sondern auch in Europa, wie jüngst am Beispiel der Alice-Salomon-Hochschule in Berlin.

Vier spanische Wörter. Das Gedicht des bolivianisch-schweizerischen Schriftstellers Eugen Gomringer dreht sich um diese vier Wörter: Avenidas, Flores, Mujeres, un Admirador; bedeutet übersetzt: Alleen, Blumen, Frauen, ein Bewunderer. Auf Wunsch der Studenten soll dieses Wandgedicht von der Fassade der Universität entfernt werden. Begründung: Der Text erinnere an sexuelle Belästigung, der Frauen alltäglich ausgesetzt sind und wirke wie eine „Erinnerung daran, dass objektivierende und potenziell übergriffige und sexualisierende Blicke überall sein könnten".[24] Die Entfernung und Neugestaltung der Fassade beschäftigte die Öffentlichkeit wochenlang. Ein Angriff der politischen Korrektheit auf die Freiheit der Kunst, lautet der Vorwurf der Kritiker und Gegner. Das Beispiel könnte plakativer nicht sein für das, was sich „Safe Space" an amerikanischen und britischen Universitäten nennt, ein geschützter Raum, frei von diskriminierenden Äußerungen. Dort gibt es am Campus sogenannte „trigger warnings", Vorankündigungen, die vor potenziell gefährlichen Inhalten warnen sollen. Vor allem in den sozialwissenschaftlichen Fächern, aber auch Literaturseminaren fordern Studenten Warnungen vor konfliktbeladenen Texten und Themen, bei denen es um Sexismus oder Rassismus geht. Die ursprüngliche Idee, Opfer vor posttraumatischen Störungen zu schützen, verkehrt sich mittlerweile ins Gegenteil. Kritiker nennen es „Tugendterror". Timothy Garton Ash nennt seine Erfahrung und Beobachtung in Stanford und Oxford die „Infantilisierung des öffentlichen Diskurses". Die Nichtbereitschaft, sich mit Andersdenkenden auseinanderzusetzen, führte bisweilen in einigen Fällen dazu, dass Gastredner vor allem aus dem konservativen rechten Lager nach dem Protest der Studierenden wieder ausgeladen wurden.

In Großbritannien zum Beispiel gibt es „Free Speech University Rankings", in denen nur einem Bruchteil aller 115 Universitäten uneingeschränkte Redefreiheit attestiert wird. Dort gibt es eigene Regeln gegen eine „language of offense", also verletzende Sprache. Nur, wo fängt Verletzung, Beleidigung, die sich innerhalb des gesetzlichen Rahmens abspielt, an und wo hört sie auf und wer bewertet das? Fast punktgenau fünfzig Jahre nach der Studentenrevolte der 1968er und dem Kampf um mehr Freiheit, insbesondere Meinungsfreiheit mutet diese Entwicklung beinahe grotesk an. In einer offenen, pluralistischen Gesellschaft sind doch Universitäten jene Orte des eigenständigen Denkens und der kritischen Auseinandersetzung, in denen – als Prinzip – jede Position argumentativ verhandelt werden sollte.

Was geschieht, wenn gerade diese Orte zu Bunkern der Befindlichkeit werden? Zu widersprechen lernen wir nicht in der Schule. Schon gilt man als vorlaut, ungehorsam oder Querulant und das wird auch später nicht viel anders. Querdenken oder Herkömmliches einmal anders- oder überdenken, das wird nach wie vor selten geschätzt, gefördert oder gar belohnt, es gilt als unbequem, wenn jemand aus der Reihe tanzt und seine Schlüsse gegen den Strich zieht. Weder in der Schule noch im Universitätsbetrieb bleibt für die intellektuelle Auseinandersetzung während des Sammelns und Jagens von ECTS-Punkten ausreichend Platz und Zeit. Und dazwischen ist eine ganze Generation damit beschäftigt, den Like-Button zu drücken und schön inszenierte Instagram-Fotos ins Netz zu stellen. Es geht ums Gefallenwollen, um Zuspruch. Umso heftiger und unverhältnismäßiger fällt dann oft der shitstormartige Widerspruch aus.

Direkt daran schließt sich eine ebenso nicht existierende Fehlerkultur an. Wann haben Sie das letzte Mal einen Politiker oder einen Verantwortungsträger in der Öffentlichkeit sagen gehört: „Das war ein Fehler, das haben wir leider falsch gemacht"? Ganze PR-Abteilungen und Heerscharen von Pressesprechern vedienen mit dem Verbergen, Tarnen und Kleinreden von Fehlern ihr Geld. Wir Journalisten machen das großteils nicht besser und schweigen manchmal ebenso, anstatt Fehler unumwunden zuzugeben. Freilich, das kratzt am Selbstverständnis, langfristig aber bremst es den Mut, querzudenken. Vertritt jemand eine andere, womöglich unkonventionelle Ansicht oder eine unpopuläre Maßnahme, ist ihm der Shitstorm sicherer als eine fundierte Auseinandersetzung. Scheitern gehört in diesem Zusammenhang nach wie vor zu den Tabus.

Try hard and fail better. Was in den USA selbstverständlich ist und dazugehört, wird bei uns allmählich als Tatsache akzeptiert und nicht mehr peinlichst verheimlicht. Mein amerikanischer Schwager schüttelt selbst nach Jahrzehnten in Österreich den Kopf, dass das Hinfallen, die Niederlage hierzulande einem Loch gleicht, aus dem man schlimmstenfalls sein Leben lang nicht mehr herausfindet. Dann schon lieber darüber reden, denken sich die Initiatoren sogenannter „Fuck Up Nights", in denen es nicht um unternehmerische Erfolgsgeschichten, sondern um Niederlagen geht, von denen gescheiterte Gründer erzählen. Es geht um Angst und Mut und die Fähigkeit, seinen Weg zu finden. Da fällt man bekanntlich oft hin und stößt dabei nicht nur auf Hürden, sondern auch auf Widerspruch. Diesen auszuhalten, sich damit auseinanderzusetzen, fällt freilich nicht immer leicht. Jemand stellt etwa in Frage, was wir denken, wer und wie wir sind. Genau da wird es aber interessant. Darüber nachzudenken, mich auf den anderen und seine Sichtweise einzulassen, um vielleicht festzustellen, so kann man das eigentlich auch sehen – oder eben nicht. Perspektivenwechsel. Nachdenken, Diskutieren, um am Ende vielleicht auch ohne ohnehin nur festzustellen, was ja so schlimm gar nicht ist, dass man anderer Meinung ist. Let's agree to disagree!

STREITEN, ABER WIE?

Von brüllenden Vögeln und offenen Ohren, der Notwendigkeit des Widerspruchs und warum es mehr denn je eine kritische Öffentlichkeit braucht.

Das mit dem Streit ist so eine Sache. Wird zu wenig gestritten, schläft die Demokratie ein. Wird zu viel, ständig und erbarmungslos gestritten, dann wird aus Streit Hass und der bringt letztendlich nicht nur Beziehungen, Freundschaften oder Ehen, sondern auch den öffentlichen Diskurs und das Miteinander um. Weshalb das mit dem Streiten zwischen ideologisch gegensätzlichen Gruppierungen nicht funktioniert, wurde im vorigen Kapitel beschrieben. Wie es zwischen links und rechts sehr wohl funktionieren kann, das zeigen die Journalisten Jakob Augstein und Nikolaus Blome jede Woche in der gleichnamigen Fernsehsendung auf Phönix, dem Nachrichten- und Dokukanal von ARD und ZDF. Fünfzehn Minuten stehen sie sich im Fernsehstudio gegenüber und streiten über das politische Thema der Woche: „GroKo oder nicht?", „Ist die Ehe was für Schwule?" oder „Wie böse ist der Islam?" Was folgt ist ein verbal provokanter Schlagabtausch zwischen zwei Männern politisch gegensätzlicher Überzeugungen. Während Jakob Augstein, Herausgeber der Wochenzeitung „Der Freitag" den linksprogressiven Ansatz repräsentiert, argumentiert Nikolaus Blome, stellvertretender Chefredakteur der „Bild", die konservativen Positionen. Und? Am Ende ist man meistens klüger, hat neue Begründungen gehört, bestenfalls eine andere, zusätzliche Perspektive und wurde dabei auch noch gut unterhalten.

Streiten, genau so: Es geht um die Leidenschaft der argumentativen, mitunter harten, aber fairen Auseinandersetzung. „Robuste Zivilität" nennt das der Historiker Timothy Garton Ash: „Ich höre Ihnen zu, Sie hören mir zu, ich beleidige Sie nicht unnötigerweise. Zugleich sprechen wir unsere Unterschiede offen aus. Aber bitte in einer Weise, wie Mahatma Gandhi es genannt hat: dass sie Ohren öffnet. Und nicht, indem man den eigenen Mund öffnet und die Ohren des anderen dabei schließt."[25] Schön gesagt: Streiten, aber höflich. Kann das im Shitstorm-Zeitalter überhaupt funktionieren? Ash, der aufgrund seiner Herkunft mit der Tradition von Debattierklubs in Großbritannien sozialisiert wurde, meint damit das Prinzip jeder Debatte: Rede und Gegenrede, die Spielregeln des zivilisierten Widerstreits. Wenn das nur so einfach wäre.

Politik-Tinder

„Wenn es stimmt, dass ganze Teile der Gesellschaft verlernt haben, miteinander zu reden, wie bringen wir sie dann wieder in den Dialog?" Das haben sich Philip Faigle und seine Kollegen von „ZEITONLINE" nach dem Brexit und Trump in Berlin gefragt. Zuerst geht es einmal darum, überhaupt wieder miteinander zu kommunizieren und nicht abgeschottet auf seinem eigenen Planeten zu sitzen. Was ist aber, wenn die Gräben dazwischen so tief sind, dass man dem anderen kein Argument mehr zutraut, sondern sich in seinen eigenen Vorstellungen bildlich eingräbt? In Deutschland, erzählt Faigle, habe in den vergangenen Jahren die Polarisierung im öffentlichen Diskurs massiv zugenommen. Sei es der Umgang mit Putin, oder die Frage, schaffen wir das mit den Flüchtlingen, oder der Umgang mit der AfD? Nicht nur die Emotionalisierung ist gestiegen, sondern auch, wie die Realität trotz aller Fakten unterschiedlich wahrgenommen wird. „Daher haben wir uns gefragt", erklärt Faigle, „wie kann man diese hermetischen Filterblasen zusammenbringen?" Laut aktuellen Studien war und ist die Antwort eigentlich ganz simpel: Es ist das Gespräch, so Faigle. Der intensive Austausch mit jemandem, der nicht unserer Meinung ist. Das ist eine der wenigen Möglichkeiten, die Dinge noch einmal neu und durch die Augen eines anderen zu sehen. Und so fragten die Journalisten ihre Leser: „Wann haben Sie das letzte Mal ausführlich mit jemandem gesprochen, der ganz andere politische Ansichten hatte?" Das Experiment „Deutschland spricht"[26] unter dem Hashtag #D17 startete, eine Dating-Plattform für politische Gegensätze oder wenn man so will eine Herzblatt-Show 2.0 für politisch Interessierte, die den Streit nicht scheuen. Und so trafen sich an einem Sonntagnachmittag im Sommer 2017 in ganz Deutschland 1.200 Menschen mit völlig entgegengesetzten Ansichten zum Streitgespräch. Zuvor mussten sie fünf politische Grundsatzfragen beantworten, wie zum Beispiel: Hat Deutschland zu viele Flüchtlinge aufgenommen? Sollen homosexuelle Paare heiraten dürfen oder soll Deutschland zur D-Mark zurückkehren? Ein Algorithmus, intern „Politik-Tinder" genannt, würfelte die Paare willkürlich zusammen. Je konträrer ihre Weltsicht, umso besser. Menschen, die finden, dass Schwule endlich heiraten dürfen sollen, trafen auf Menschen, die strikt dagegen sind, Atomkraftgegner auf Befürworter, Europabegeisterte auf EU-Kritiker, Flüchtlingshelfer auf Flüchtlingsgegner. Ein Thema, zwei Meinungen, zwei Welten. Ein Beamter saß einem Physiker gegenüber, ein AfD-Funktionär einer ehemaligen Kommunalpolitikerin der Grünen, ein Chefredakteur traf einen Maschinen- und Anlageführer zum Streitgespräch und die auf den ersten Blick vielleicht explosivste Paarung: Ein linksliberaler Student wurde einem konservativen Professor zugelost, der „einen politisch korrekten Gutmenschen" auf seinem Balkon erwartet hatte, der „natürlich für den Ausstieg aus der Atomenergie ist, nach dessen Meinung Putin vom Westen fair behandelt wird und der selbstverständlich nicht der Meinung ist, Deutschland habe zu viele Flüchtlinge aufgenommen."[27]

Dreieinhalb Stunden lang diskutieren die beiden. Und dann? Kein Gefecht, bilanzierte Tobias, der Student, am Nachhauseweg: „Ich hatte eine kontroversere Diskussion erwartet, schließlich hatten wir zu sehr fundamentalen Fragen unterschiedliche Antworten gegeben. Doch ich bin weder auf einen AfD-Sympathisanten noch auf einen Putinversteher oder einen Atomkraftlobbyisten getroffen. Manchmal ist eben nicht die Meinung selbst das Entscheidende, sondern die Haltung und die Argumente, auf denen sie fußt." Und der zuvor skeptische Professor ergänzte: „Für mich war es ein gelungener Abend, weil es mir gezeigt hat, dass Verständigung möglich ist, wenn es nicht primär ums Rechtbehalten geht, sondern vor allem darum, andere zu verstehen."

So. Nach diesen Erkenntnissen könnte das Buch hier enden. „Wenn es nur so einfach wäre", fährt Philip

Faigle über das gelungene Projekt seiner Redaktion fort. Das Feedback der Teilnehmer war durchwegs gut. In den Rückmeldungen war immer wieder zu hören, wie wunderbar erhellend es gewesen sei, endlich wieder einmal ein politisches Gespräch zu führen, das so im Alltag nicht stattfinden würde. Manche entdeckten sogar ihr Bürgergefühl. „Das war die eine Erkenntnis" bilanziert Faigle. „Die andere ist, dass es nicht so leicht ist, Leute unterschiedlicher Meinungen, unterschiedlicher Peergroups, in diesem Fall AfD-Wähler mit AfD-Gegnern zusammenzubringen. Sie raus aus ihrer Blase, ihrer Welt an einen Tisch mit anderen zu bringen." Es geht um die Bereitschaft, sich auf den anderen einzulassen und zu allererst einmal ums Zuhören.

Zuhören wird als etwas für Meinungsschwache missverstanden. Wer nicht auf Knopfdruck mit einer Meinung zu allem und jedem aufwarten kann, hat unter den Meinungsalphas und Experten für eh alles schon verloren. Wie so oft scheint es dabei gar nicht um den anderen und dessen Position sowie ehrliches Interesse zu gehen, sondern um das Ego. Wozu dann noch miteinander reden, wenn Zuhören die Fähigkeit ist, sich auf andere einzulassen, der Versuch zu verstehen, was der andere meint? Demokratie hat aber ganz wesentlich mit Zuhören zu tun, sowohl der Bereitschaft als auch der Fähigkeit, sich mit dem anderen auseinanderzusetzen. Am Ende muss daraus kein „Wir" werden, kein Konsens bestehen und es bedeutet ebenso nicht, den eigenen Standpunkt aufzugeben. Das hier ist kein Plädoyer für Harmonie.

Es lebe der Widerspruch!

Widerspruch auszuhalten, ihm offen, sachlich und mutig zu begegnen, das muss wieder ganz raufrutschen auf der gesellschaftspolitischen sowie persönlichen To-Do-Liste. Ausgerechnet fünfzig Jahre nach der 68er-Bewegung klingt das eigenartig, aber in der schönen neuen digitalen Welt macht sich oft Wehleidigkeit breit, wenn die Reaktion und Antwort nicht wie gewünscht ausfällt. Kritik heißt dann nicht mehr Kritik, sondern, wie erwähnt, Bashing. Auf der anderen Seite wiederum wird die Kritik Mittel zum Zweck oder besser gesagt: zum Opfer der Ego-Pflege. Twitter lässt grüßen! Damit jetzt keine Missverständnisse entstehen, ich mag Twitter. Als Journalistin hat mir der Kurznachrichtendienst den Berufsalltag enorm erleichtert und ihn auch bereichert. Diesen personalisierten Nachrichtenkanal, der einen rund um die Uhr mit den neuesten Informationen aus aller

Welt versorgt und dabei Perspektiven, andere Meinungen und Sichtweisen per Knopfdruck eröffnet und Austausch ermöglicht, möchte ich nicht mehr missen. Doch die Empörung ist auch den Meinungsstarken der 140 oder 280 Zeichen nicht fremd und man wähnt sich manchmal in einem riesigen Wohnzimmer wie im gleichnamigen Buch und Film „Der Gott des Gemetzels". „Wir wollen doch nur spielen", könnte man jetzt einwerfen.

Trotzdem, wenn die Twitter-Vögel ständig brüllen, anstatt zu zwitschern, bleibt selbst für ein Minimum an Sachlichkeit und Differenzierung kein Platz. Es wird scharf geschossen, ohne auch nur den Versuch in Betracht zu ziehen, dass es nicht nur Urteile, sondern auch Argumente gibt. In der Hitze des Gefechts klingt das freilich leichter gesagt als getan. Aber wie wär es mit ein bisschen weniger Hypermoral, weniger Drama und Befindlichkeit. Und an all jene, die jetzt die Stirn runzeln, die Augenbraue hochziehen und wie Frau T. die Nase über die lauten und ungesitteten Anderen runzeln und gleich einwerfen „Warum soll ich mit denen überhaupt reden?" Nun ja, Demokratie ist kein Streichelzoo, sondern beginnt dort, wo die Komfortzone endet.

Dass das mit ein bisschen gutem Willen funktionieren kann, haben die Kollegen in Berlin mit ihrer Aktion „Deutschland spricht" gezeigt. Oft ist es aber auch der Zufall oder in diesem Fall ein Laster, dass politische Gegenspieler ins Gespräch abseits medialer Schaukämpfe bringt. Es ist bzw. war ein kleiner Raum im österreichischen Parlament, das gerade saniert wird, ein Raucherkammerl. Dort trafen immer wieder FPÖ-Chef und nunmehr Vizekanzler Heinz Christian Strache und der damalige Grünen-Chef und nunmehrige Bundespräsident Alexander Van der Bellen aufeinander, wo sie nach Schilderungen Van der Bellens, trotz aller politisch konträren Vorstellungen und folglich Auseinandersetzungen, „viele Zigaretten" miteinander rauchten. Es ist dieses fast banale Beispiel, das die herkömmliche und nachvollziehbare Vorstellung der Bevölkerung vielleicht zurechtrückt. Auch wenn sich auf der politischen Bühne die Akteure und Akteurinnen in der Sache und oftmals aus strategischen und taktischen Gründen unerbittlich gegenüberstehen – inklusive gegenseitiger Beschimpfungen, braucht es prinzipiell Gesprächsbereitschaft. Es geht nicht um Feindschaft, sondern um inhaltiche Gegnerschaft. Gerade deswegen erschwert das Aufladen jeglicher Inhalte mit Moral eine Streitkultur, warnt die Politikwissenschaftlerin Chantal Mouffe, weil dadurch politische Gegnerschaft als Feindschaft interpretiert wird und mit Feinden spricht man bekanntlich selten oder nie.[28] Wenn ich den anderen dämonisiere, oder salopp gesagt, gleich einmal zum „Trottel" abstemple, wird seine und auch meine Bereitschaft eine geringe sein, überhaupt miteinander zu sprechen.

Das gilt auch für selbsternannte „stabile Genies" wie Donald Trump, der vermutlich nie in einem Debattierklub war, wie es sie an amerikanischen Highschools und Universitäten gibt. Was in den USA und in Großbrittanien zum Schulalltag gehört, ist bei uns selten: debattieren. Wie argumentiert man, artikuliert seinen Standpunkt, geht auf Opposition ein und treibt eine Debatte voran, die nicht im Freund-Feind-Schema und in gegenseitigen persönlichen Beschimpfungen eskaliert? Lernen kann man das in Debattierklubs. Im angloamerikanischen Raum haben diese Klubs Tradition. Im Gegensatz zu England, dem Mutterland des Debattierens, wo „competitive debating" (Debattierwettbewerbe) in den 1920ern und 1930ern äußerst populär war, ist Österreich diesbezüglich ein Entwicklungsland.[29] Unter Debatte versteht man ein Streitgespräch, bei dem im Unterschied zu einer Diskussion Argumente nach formalen Regeln für oder gegen eine These vorgetragen werden. Um zu überzeugen, braucht es demnach nicht nur gute Argumente, sondern auch rhetorische Fähigkeiten.

Wie gut oder auch schlecht es um die politische Debattenkultur bestellt ist, kann man regelmäßig auf den Zuschauerrängen des Parlaments mitverfolgen. „Einspruch, Augenverdrehen, Zwischenrufe: Plenarsitzungen mögen manchmal an Theater erinnern. Diese Inszenierung gehört dazu und ergänzt die Arbeit in den Ausschüssen." Dieser Satz findet sich übrigens auf der Homepage des österreichischen Nationalrates. Dass es dabei noch viel lebendiger, konfrontativer und mitunter auch amüsant zugehen kann, zeigt ein Blick ins Britische Unterhaus, wo Regeln und Setting völlig anders sind. Regierung und Opposition sitzen sich getrennt durch den Speaker in schwarzer Robe, den Parlamentsvorsitzenden, gegenüber und vom britischen Understatement ist in den wöchentlichen „Verhören", den Fragestunden an die Premierministerin, nicht viel zu bemerken. Parlamentsdebatte geht auch so.

Wenn Teilnahme am politischen Prozess nicht nur – zugespitzt – das Kommentieren oder Beklagen über das Niveau heimischer Parlamentsdebatten sowie das Wählen von Volksvertretern alle paar Jahre meint,

sondern als „democracy is government by discussion"
verstanden wird, wie es vor mehr als einhundertfünf-
zig Jahren der liberale Denker und Philosoph John
Stuart Mill formulierte, dann bedeutet das nicht nur
die regelmäßige Bereitschaft, am öffentlichen Diskurs
teilzunehmen, sondern auch die Fähigkeit dazu, eine
Kulturtechnik des Streitens. Und diese kann man
ebenso erlernen wie Lesen, Schreiben und Rechnen.

Das ist weder eine revolutionäre noch eine besonders
neue Idee. Schon in der Antike und später im Früh-
mittelalter wusste man um die Bedeutung der Scho-
lastik im Unterricht; dabei geht es nach einem streng
institutionalisierten Schema um das Abwägen von
gegensätzlichen Auffassungen. Zu einem bestimmten Thema werden Pro und Contra erläutert, wobei
der zweite Redner zunächst die Argumente des ersten
wiederholen muss, sich vergewissert, den ersten
Redner auch richtig verstanden zu haben. Nach
einem dialektischen Vergleich steht am Ende bestenfalls eine Synthese beider Meinungen und somit
ein Kompromiss. Wie wertvoll Debattierklubs an
Schulen wären, um diese Fähigkeiten zu erlernen und
zu trainieren, kritisch zu hinterfragen und sachlich zu
widersprechen, wird in Projekten erfolgreich erprobt.
Warum nicht an allen Schulen? Es geht doch um eine

Grundhaltung, trotz aller gegensätzlichen Ansichten offen zu sein. Timothy Garton Ash nennt dieses Prinzip „robuste Zivilität", also den Umgang in einer liberalen, pluralistischen, offenen Gesellschaft miteinander. Gemeint ist damit, sich auch mit anstößigen Äußerungen innerhalb eines zivilen Umganges robust, ausdauernd und widerstandsfähig auseinanderzusetzen.[30] Der Historiker hat dazu eine Debatte über die Redefreiheit in unserem digitalen Zeitalter angestoßen und in einem Standardwerk aus Erfahrungen und Diskussionen Prinzipien für einen Diskurs entwickelt, die sowohl das Recht auf Redefreiheit sowie die Würde des Andersdenkenden sichern sollen.

In einer Zeit der vermeintlich einfachen Antworten, in der aufwendiges Diskutieren durch ein schnelles Voting ersetzt wird, ist das wichtiger denn je. Ein Klick genügt, um die Frage des Tages in der Ja-Nein-Boulevard-Demokratie zu beantworten und schon ist die Diskussion auch wieder beendet. „Sind unsere Politiker korrupt?", „Sollen die Steuern gesenkt werden?" oder auch immer wieder beliebt: „Sind Sie für oder gegen Zuwanderung?", um dann aus diesen wenig überraschenden Antworten politische Aufträge abzuleiten.

Keep it simple. Die Verkürzung eines komplexen Sachverhaltes in ein binäres Ja-Nein-Schema zeigt anhand dieser Beispiele geradezu exemplarisch wie Boulevard funktioniert. Selbst Politiker entdecken und beanspruchen erfahrungsgemäß immer dann das Volk und die direkte Demokratie für sich, wenn es um Stimmungen im eigenen Interesse geht. Auf dieser Welle lässt es sich leicht surfen. Ein „Gefällt mir"- oder „Gefällt mir nicht"-Button für komplexe Fragen, das ist zugegeben verlockend und bequem. Aber! Ein kleines Wort mit nur vier Buchstaben, das zu selten gebraucht oder oft auch überhört wird.

Warum es mehr denn je kritische Öffentlichkeit braucht

Jede Behauptung, egal von wem, zieht ein „Aber" nach sich und daraus ergeben sich wiederum zig weitere Fragen. Also hinterfragen, einordnen, abwägen und wieder von vorne. Dennoch werden immer seltener Fragen gestellt. Schlichtweg, weil sie nicht erwünscht sind, sie als lästig, störend empfunden und somit verweigert werden. Aber ohne Fragen, Nach- und Hinterfragen kann kritische Öffentlichkeit nicht funktionieren. Das hier ist also ein Plädoyer für das „Aber". Und dass Sie gleich lesen werden, wie wichtig dafür seriöser Journalismus ist, wird Sie nicht überraschen. Wir, und auch die Kollegen und Kolleginnen insbesondere des öffentlichen Rundfunks hier in Österreich, aber auch in Deutschland und der Schweiz, stehen derzeit hart in der Kritik.

Die Frage dabei ist, welche Kritik ist damit eigentlich gemeint und was treibt sie an? Bei aller Berechtigung nach der Frage von Qualität, nach Fehlern, die uns wie jedem – auch in allen anderen Branchen – passieren, und ja, Luft nach oben gibt es immer und überall, hört sich die Kritik vorwiegend pauschal, manchmal ideologisch gefärbt und häufig ökonomisch motiviert an. „Lügenpresse" meint vieles, ist aber dennoch keine Medienkritik, da sie sich fast ausschließlich an der eigenen unumstößlichen Meinung misst. Deckt sich der Beitrag, die Frage an den Politiker nicht mit der eigenen Ansicht oder dem Weltbild, dann, so der Vorwurf, ist die Berichterstattung einseitig oder gar gelenkt. Dass weder die Gesellschaft noch die Wahrheit schwarz-weiß ist, mag manche überraschen. Journalismus bleibt der Versuch, dieser Wahrheit in all ihren Facetten so nahe wie möglich zu kommen. Somit ist das Sicht- und Hörbarmachen der anderen, das Abbilden von Gesellschaft in ihrer Vielfalt und ihren Klüften, der Austausch über Trennlinien aller Art hinweg, eines der gewichtigsten Argumente, warum es Journalismus mehr denn je braucht. Insofern ist es auch unsere Aufgabe, die Gesellschaft wieder vermehrt ins Gespräch zu bringen.

Auch wenn der Raum, um sich auszutauschen, durch das Netz theoretisch größer und globaler geworden ist, die Praxis sieht anders aus. Die Räume, Kammern und Blasen, in denen wir uns bewegen, werden kleiner und sich immer ähnlicher. Wollen wir den gesellschaftlichen Diskurs ausschließlich Facebook und Co. und ihren Algorithmen überlassen? Wenn jeder auf seinem Planeten sitzt, in seiner Echokammer lebt, dann kann Journalismus aber immer noch eines: einen Einblick in die Welt der anderen verschaffen; ein Gefühl, womöglich auch Verständnis für Menschen in anderen Milieus erzeugen – und somit vor allem Erkenntnis und Differenzierung, die es im Netz selten bis nie gibt. Es ist ein bisschen wie eine Expedition spätabends vor dem Fernseher in eine andere Wirklichkeit, die man so nicht kennt, noch nie gesehen hat.

„Wir müssen reden" steht auf dem Cover dieses Buches und genau das ist wortwörtlich damit gemeint. Miteinander trotz all dieser Unterschiedlichkeiten ins Gespräch zu kommen; ob analog oder digital einen direkten Draht zueinander zu finden, um sich auszutauschen. Für diesen Austausch braucht es ein stabiles und breites Fundament aus Fakten, Argumenten und Hintergründen. Wenn Sie so wollen, sind wir Dienstleister in einer demokratischen Infrastruktur, quer durch alle unterschiedlichen Gruppen, Milieus und verschiedenen Planeten. Das ist unser Job. Wir recherchieren, trennen Wichtiges von Unwichtigem, wägen ab und ordnen ein, und vor allem: Wir fragen, fragen und fragen noch einmal nach. Warum das wichtig ist, wurde Ihnen in den vergangenen Monaten bestimmt oft erklärt. Aber es gibt da eine Studie, deren Ergebnis für sich spricht und all die Argumente dafür hinter sich vereint. Täglich sehen, lesen wir tausende Informationen auf unseren PCs, Tablets und Smartphones. Aber können wir dabei noch unterscheiden: Was ist eine Nachricht und was ist Werbung?

Hier ist das Ergebnis einer häufig zitierten Studie der Stanford History Education Group über die sogenannten „Digital Natives", also jene Generation, die in der digitalen Welt aufgewachsen ist: Rund 80 Prozent der zwischen Jänner 2015 und Juni 2016 befragten 7.800 amerikanischen Studenten und Schüler können demnach eine Werbebotschaft nicht mehr von einer Nachricht unterscheiden.[31] Egal ob Werbung oder Fake News, was sich in den sozialen Netzwerken verbreitet, wird als wahr rezipiert. Ziel, Zweck, Relevanz, Inhalt und selbst Absender werden kaum bis gar nicht hinterfragt. Die Untersuchung, die während des amerikanischen Wahlkampfes gemacht wurde, zeigt eindrücklich, dass in Zeiten, in denen Inszenierung, Werbung und Lügen politische Inhalte im Netz ersetzen, richtig und wichtig von unwichtig und falsch nicht mehr unterschieden wird.

Politik war schon immer das Geschäft der Propaganda und der Lüge. Jetzt heißen sie Fake News. Im Netz ohne Widerspruch, ohne hartnäckiges Nachfragen und ohne Einordnung funktionieren Lügen und Propaganda aber wesentlich reibungsloser, reichweitenstärker und schamloser. Dass das eine Chance sein kann, beweist der sogenannte „Trump-Bump", jener Effekt, wonach die mediale Feindschaft und Verhaltensauffälligkeit des US-Präsidenten der ehrwürdigen „New York Times" und „Washington Post" Abozuwächse in Rekordhöhe beschert.

Wie sehr sich die politische Öffentlichkeit verändert, zeigt einmal mehr Donald Trump, der mit seinem Smartphone regiert und mit seinen Tweets die gesamte Aufmerksamkeit von wichtigen politischen Fragen weglenkt. Kaum antwortet er auf das Enthüllungsbuch „Fire und Fury", dem zufolge ihm seine Umgebung im Weißen Haus Amtsunfähigkeit bescheinigt, ein „stabiles Genie" zu sein, rufen alle aufgeregt: Er hat Genie gesagt! „Yet the real problem is not Trump's addiction to social media – it's ours",[32] stellt der Linguist George Lakoff nüchtern fest und dem ist nicht viel entgegenzuhalten, denn die Aufmerksamkeit ist auf Trump's Seite. Ein Tweet, und schon kontrolliert das selbsternannte Genie die Schlagzeilen, den Newscycle und setzt die Themen. Das lenkt ab von dem, was in der Zwischenzeit passiert, nämlich Politik mit handfesteren Folgen. Zum Beispiel, dass die US-Regierung währenddessen fast alle küstennahen amerikanischen Seegebiete für Öl- und Gasbohrungen freigibt. Politisch heikle Weichenstellungen werden in der Aufregung zu einer Randnotiz degradiert, und das ist bequem für die Regierung – nach dem Motto „bloß keine Fragen".

Kritische Nachfragen haben bei den Mächtigen noch nie großen Gefallen gefunden. Das stört beim Regieren.

Wie schnell dabei erkämpft geglaubte Errungenschaften der Vergangenheit angehören, zeigt ein Blick in die Türkei oder innerhalb der EU nach Polen. Aber wohin die Reise mitunter auch in westlichen liberalen Demokratien geht, zeigt ausgerechnet jener im Wahlkampf als liberaler, weltoffener gefeierter Hoffnungsträger Emmanuel Macron. Erst fünf Monate nach seinem Einzug als französischer Präsident in den Elysée-Palast gab er seine ersten Interviews und fast schon legendär hört sich seine Begründung für die kurzfristige Absage des traditionellen Präsidenteninterviews am französischen Nationalfeiertag an. Seine Gedanken seien zu komplex fürs Fernsehen. Na dann. Ein Trend, der sich auch in Österreich zunehmend beobachten lässt. Wenn kritischer Journalismus unterbunden werden soll, passiert das für gewöhnlich abseits oder hinter der politischen Bühne. Dazu braucht es weder Druck noch eine Drohung, sondern einfach die Verweigerung, sich Fragen zu stellen oder diese nur gut portioniert ausgewählten Medien und Journalisten zu beantworten.

Message Control. Das Risiko kritischer Fragen bleibt möglichst klein und überschaubar, die Macht über die Deutungshoheit möglichst groß. Auch ich kann aus meinem journalistischen Alltag bestätigen: Die Liste der nicht geführten Interviews ist in meiner Schublade wesentlich länger als jene, die im Studio tatsächlich stattgefunden haben. Dass Politiker mittlerweile lieber ungefiltert auf ihren Accounts kommunizieren, ist bekannt und auch nicht verwerflich, sondern aus deren Sicht nachvollziehbar, um die Botschaft an die Wähler zu bringen. Aber was sagt diese Tatsache über das Verständnis einer Debattenkultur aus, in der die direkte inhaltliche Auseinandersetzung immer öfter abgelehnt wird? Welchen Diskurs wollen wir eigentlich, wenn kritische Fragen schon als Anmaßung empfunden werden? Gar keinen? Zu diesem Schluss kann man durchaus kommen, wenn Politiker öffentlich im ZiB 2-Studio aufgrund kritischer Fragen drohen oder sich weniger öffentlichkeitswirksam nach einem Live-Interview im Report-Studio mit den Worten „Ihr werdet euch noch anschauen!" verabschieden. Über den Stil, die Art und Weise, Fragen zu stellen, lässt sich diskutieren, aber unter dem Strich ist und bleibt das Sich-nicht-erklären-Wollen eine Diskursverweigerung. Das gilt nicht nur für Politiker; schon fast vergessen scheint die Finanzkrise, in der nur selten ein Banker Rede und Antwort stand.

Ohne Fragen, Erklärungen und Diskussionen geht der gesellschaftliche Grundkonsens verloren, die Basis, auf der wir demokratisch verhandeln, wie wir leben wollen. Und dennoch liegt eine der, wie ich finde, großen Gefahren für Qualitätsjournalismus auch bei uns selbst und einem mitunter eigenartigem Selbstverständnis. Denn wenn sich der Blick vor allem in den sozialen Medien mehr um den eigenen Nabel in der kleinen Blase dreht, geht der Blick für das Wesentliche verloren. Der Wahlkampf im Herbst 2017 bot dazu ein unschönes Beispiel. Das Zurschautragen der eigenen politischen Gemütslage zwischen Sympathie und Antipathie gegenüber Politikern und Parteien ist eben keine journalistische Kategorie. Die Versuchung, selbst Treiber und Agent von Polit-PR und vermeintlicher Sensationen zu sein und Spins zwischen Gut und Böse zu befeuern, ist groß. Zuerst applaudieren und dann Buh rufen. Kann man freilich machen. Aber wie wäre es, einfach mit nüchternem Sachverstand zu berichten, einzuordnen und zu hinterfragen? Den Vorwurf „Ach, wie lieb und fad" lasse ich mir da gerne gefallen. Aufgeregt rumgefuchtelt wird ohnehin schon zur Genüge. Vielleicht sollten wir uns auf das Gegenmodell konzentrieren: Inhalt und Tiefe, slow down, anstatt ständig hysterisch „Alarm, Alarm!" zu rufen.

SPEED KILLS!

Tempo, Tempo. Warum die Rasanz unseren Diskurs umbringt.

W as unsere Art miteinander zu kommunizieren vermutlich am nachhaltigsten verändert hat, ist der Faktor Zeit; die Geschwindigkeit, in der Themen verhandelt, Meinungen gebildet und wie so oft Urteile gefällt werden. Der Soziologe Hartmut Rosa beschreibt die „Beschleunigung" als *das* Phänomen unserer Zeit.[33] Abwägen, zuhören, nachdenken und nachfragen. All das braucht Zeit und die haben bzw. nehmen wir uns offenkundig nicht. Vielmehr schleudert der Affekt das schnelle (Vor-)Urteil hinaus in die Welt. Ein Like, Daumen hoch oder eben nicht, retweet oder ein Herzerl. Alles will beurteilt, bewertet, kommentiert werden und das in atemberaubender Rasanz. Solange es nur um Urlaubsfotos geht, mag das banal sein. Weniger harmlos ist es dann, wenn uns der Daumen nach unten mit aller Wucht selbst betrifft. Die digitalen Schnellrichter urteilen gnadenlos mit immenser Reichweite. Masse ist laut Elias Canetti bekanntlich gleich Macht – und schon fertig ist der nächste Shitstorm. Die Unschuldsvermutung gilt in diesem Chor der Empörten so gut wie nie und falls vorhanden, wird sie überhört mit manchmal existenziellen Folgen.

Aufschlussreich ist in diesem Zusammenhang die Geschichte des Nobelpreisträgers Richard Timothy

Hunt. Der britische Biochemiker hielt im Jahr 2014 eine Tischrede anlässlich einer Konferenz für Wissenschaftsjournalistinnen in Seoul. Der damals 72-Jährige sprach über Männer und Frauen in der Forschung und hatte dabei folgende Sätze formuliert: „Lassen Sie mich von meinen Problemen mit Mädchen berichten. (...) Drei Dinge passieren, wenn sie im Labor sind: Du verliebst dich in sie, sie verlieben sich in dich und wenn du sie kritisierst, fangen sie an zu heulen." Daher sein Vorschlag, die Labors nach Geschlechtern zu trennen wie bei öffentlichen Toiletten. Befremdlich? Sexistisch? Wohl alles zusammen. Hunt wollte diese Äußerungen im Nachhinein als scherzhaft verstanden wissen. Wie launig seine Tischrede tatsächlich war, lässt sich im Nachhinein mangels Mitschnitt dieser Rede freilich nicht beurteilen. Bemerkenswert daran war aber die Abfolge der Reaktionen. Unmittelbar nach der Rede gab es offenbar keine öffentlich geäußerte Kritik oder Empörung. Erst als eine anwesende Universitätslehrerin die Aussagen Hunts auf Twitter postete, ging es los. Als Konsequenz der öffentlichen Entrüstung trat Hunt einen Tag später von seiner Honorarprofessur am University College London zurück. Offensichtlich nicht ganz freiwillig. Später beklagte er, dazu aufgefordert worden zu sein, andernfalls hätte ihm seitens der Universität die Kündigung gedroht. Er verlor auch seine Mitgliedschaft beim Europäischen Forschungsrat sowie der Royal Society.

All das passierte an nur einem einzigen Tag. Zwischen der Aussage Hunts und der unmittelbaren Konsequenz für ihn liegen nur rund 24 Stunden. Eine kurze Zeitspanne für weitreichende Entscheidungen, in der die Frage nach dem gesamten Kontext der Aussage offenbar unter den Tisch fiel. Wie aus dem Bericht eines Beobachters der Europäischen Union hervorging, leitete er seine Tischrede mit der eigentümlich launigen Bemerkung ein, wie seltsam es doch sei, „dass ein chauvinistisches Monster" wie er gebeten worden sei, vor Naturwissenschaftlerinnen zu reden. Dass Hunt seine Frau, eine Wissenschaftlerin, ebenfalls in einem Labor kennengelernt hatte, und gegen Ende der Rede die Notwendigkeit von Frauen in der Naturwissenschaft noch einmal mit den Worten hervorhob, diese sollten sich „durch chauvinistische Monster" wie ihn nicht davon abhalten lassen, ging im Entrüstungssturm vollkommen unter.

Humor und Ironie werden leicht missverstanden. Ich will hier weder für, wenn auch launig gemeinte, sexistische, diskriminierende Aussagen noch für

Altherrenwitze Partei ergreifen, vielmehr ist das Spannende an diesem Beispiel das Tempo der Reaktionen. Verhältnismäßigkeit und Kontext spielen dabei keinerlei Rolle. Durch die Rasanz und Wucht der Empörung ruiniert ein Fehler ein ganzes berufliches Leben. Nein, mit #metoo, sexueller Belästigung und Gewalt hat das nichts zu tun. Dazu später. Vielmehr zeigt dieses Exempel, dass dem digitalen Schuldspruch gar keine Möglichkeit auf Verteidigung vorangeht. Anklage, unter welchen Umständen auch immer, ist gleich Schuldspruch. Der Professor bedauerte es zutiefst, dass ihm keine Gelegenheit gegeben worden sei, weder seine Bemerkungen erklären, noch sich dafür entschuldigen zu können. Da half auch ein Konferenzprotokoll im Nachhinein nicht, um nachzuweisen, dass allen Teilnehmern die Scherzhaftigkeit von Hunts Aussagen möglicherweise klar gewesen war. Ebenso das Zusammentragen widersprüchlicher Darstellungen, um zu demonstrieren, wie sehr Darstellungen aus dem Kontext gerissen sein könnten sowie die Verteidigung durch akademische Kolleginnen, dass er sich als Professor stets für junge Wissenschaftlerinnen eingesetzt habe. Selbst der Protest von acht Nobelpreisträgern gegen den „Lynchmob" half nicht. Zu spät. Für seine Verteidiger war Hunt der Märtyrer der politischen Korrektheit, für seine

Gegner der lebendige Beweis für den Chauvinismus im männlich dominierten Wissenschaftsbetrieb. Ich vermute, beides lässt sich in dieser Absolutheit, in der Urteile vor dem digitalen Scheiterhaufen gesprochen werden, anhand einer Tischrede nicht überprüfen.

Warum ich all das schildere? Weil es die *Un*kultur des öffentlichen Diskurses anhand eines Beispieles so verdichtet und drastisch vor Augen führt. Das Tempodiktat, dem wir uns und andere unterwerfen, die Nichtbereitschaft zuzuhören, die Bequemlichkeit, sich in einem Strom aus Emotionen und teils auch Vorurteilen mittreiben zu lassen, und die Arroganz, sich über andere sofort zu erheben, empfinde ich als dramatisch. Eine Fehlerkultur scheint in solch einem Meinungsklima unmöglich. Und dann gibt es da noch ein großes Bedürfnis von uns allen, Dinge sofort beurteilen und bewerten zu wollen. Das schafft ein Gefühl von Übersicht. Doch was geschieht, wenn die Urteile vorschnell getroffen werden, Meinungen hastig ohne Faktengrundlage gebildet werden?

Speed kills. Nicht alles lässt sich in Sekunden erfassen, einordnen, beurteilen. Schon wieder ist etwas passiert, Breaking News im Fernsehen. Ein Amokläufer oder ein Terrorist, der gerade einen Anschlag verübt? Heutzutage werden in Echtzeit Antworten gefordert. Selbst wenn die Tat noch im Gange ist und damit logischerweise weder alle Fakten noch Zusammenhänge oder Hintergründe auf dem Tisch liegen und somit selbst die Ermittler noch keine Schlüsse ziehen können: Die selbsternannten Experten haben bereits eine Antwort oder sie fordern sie zumindest. Fernsehsender und Journalisten, meistens sind es die Öffentlich-Rechtlichen, die sich mit Live-Kommentaren zurückhalten, weil sich seriöserweise das noch im Fluss Befindliche nicht bewerten und einordnen lässt, werden da schnell als alt, langsamer als die Konkurrenz oder als „gelenkt" diffamiert.

Für Journalisten, insbesondere im Fernsehen, ist diese Situation ein Dilemma. Obwohl nur bereits bekannte und gesicherte Informationen wiederholt werden und schon gar keine Schlüsse angesichts der dünnen Faktenlage gezogen werden können, kreist die Kritik um die Frage, warum eine Sondersendung, wenn es doch nichts Neues zu berichten gibt? Umgekehrt hagelt es Kritik, wenn in solchen Situationen, von denen es in den vergangenen zwei Jahren nach Paris, Nizza, München, Manchester usw. viele gab, nicht live berichtet wird. Manchen kann es da gar nicht schnell genug gehen mit dem Urteil, um welche Tat es sich handelt, sowie dem Urteil über die anderen, die abwarten, zweifeln oder Fragen stellen. Schon kommt der Vorwurf, die „Wahrheit" verschweigen zu wollen.

Das kann fatale Folgen haben wie der Amoklauf eines 18-Jährigen am 22. Juli 2016 in München gezeigt hat. „18:35 Uhr. Der Amoklauf ist vorbei, doch der Terror, der in dieser Nacht München in Panik versetzen und die ganze Millionenstadt lahmlegen wird, hat gerade erst begonnen."[34] So beginnt die Rekonstruktion eines Rechercheteams der „Süddeutschen Zeitung", die zeigt, mit welcher Geschwindigkeit sich Gerüchte von den sozialen Medien zu den Livesendungen der TV-Sender und wieder zurück in jener Nacht verbreitet hatten und wie aus falschen Informationen im Netz Panik auf den Straßen Münchens entstanden war. Die „Süddeutsche" wollte wissen, wie solche Gerüchte entstehen, wie sie sich verbreiten und können sie überhaupt wieder aus der Welt geschaffen werden. Dafür recherchierte ein Team über Wochen und wertete 113.000 Tweets aus. Die Erinnerung an jenen Terroranschlag mit einem Lkw in Nizza, bei dem 86 Menschen getötet wurden, war noch frisch und so ging es kurz nach dem 22. Juli im Netz zuerst um die Frage: Terror oder Amok? Die Journalisten rekonstruierten in einer „Timeline der Panik", wie aus einem

Münchner Amoklauf im Netz ein Terroranschlag mit 67 Zielen wurde: „Der Terror hatte gewonnen. In den sozialen Medien. Und in den Köpfen der Menschen." Die Redakteure gehen dabei der Frage nach, wie können aus einem Tatort 67 werden und warum bricht Panik aus, als der Amoklauf des 18-jährigen Schützen schon lange vorbei ist? Sie zeichnen nach, wie schnell sich Mutmaßungen ihren Weg bahnen, sich verdichten und sie erklären mithilfe der Kommunikationswissenschaftlerin Elodie Fichet von der University of Washington, dass Gerüchte immer dann erfolgreich sind, wenn sie eine Wissenslücke füllen: „Ein Erklärungsangebot, das am Ende natürlich gar nichts erklärt".[35] Wissenslücken lassen sich eben nicht immer in Echtzeit oder auf die Schnelle stopfen und viele Fragen auch nicht unmittelbar beantworten. Für die Polizei wird dadurch die Arbeit erschwert.

Sicher, das Münchner Beispiel ist extrem, aber es zeigt unmissverständlich, dass es mit zunehmender Beschleunigung schwer bis unmöglich ist, die Übersicht zu behalten, Fakten zu sortieren und sich sachlich ein Bild zur Lage zu machen. Kühlen Kopf zu bewahren fällt in emotionalen Ausnahmesituationen schwer. Mittlerweile fällt es uns aber selbst in der alltäglichen Kommunikation immer schwerer. Der

Münchner Amoklauf belegt, wie lange es dauert, um auf komplexe Fragen seriöse Antworten zu erhalten. War die Ausgangsfrage am 22. Juli 2016 Terror oder Amok, so lag die endgültige Antwort erst mehr als ein Jahr später im Oktober 2017 vor.

Ein Jahr später. Nach Ansicht von drei Gutachtern war der Amoklauf ein rechtsextremes Hassverbrechen. Der Täter, der neun Menschen erschossen hatte, sei ein „einsamer Wolf" gewesen, der seine Opfer, die meisten mit südosteuropäischen Wurzeln, nach rassistischen Kriterien ausgesucht habe. Die Kriminalisten gingen von einer „von Rache und Wut geleiteten Tat" aus. Auf dem Rechner des jungen Mannes, der sich vor einem Zugriff der Polizei selbst getötet hatte, fanden die Ermittler Dokumente, in denen er sowohl Fremdenfeindlichkeit als auch Rache als Gründe anführte. Die allererste Annahme, bei der Tat handle es sich um einen islamistisch motivierten Terroranschlag, erwies sich demnach als grundlegend falsch.

Im Geschwindigkeitsrausch lassen sich Sachverhalte nicht nur schwer beurteilen und verhandeln. Der Schnellste gewinnt und profitiert. Unter Politikern hat sich nicht nur ein Wettbewerb entwickelt, wer als Erster auf besondere Ereignisse – von Katastrophen angefangen bis hin zu sportlichen Spitzenleistungen – reagiert. Dieser Wettbewerb um den Kampf der Aufmerksamkeit bestimmt den medialen Diskurs. Daran haben die Medien erheblichen Anteil, jedoch nicht immer aus journalistischen Motiven und freien Stücken. Wer ist der Schnellste, wer ist der Erste? Be the first. Die Infospirale dreht sich immer schneller, und am Ende stellen wir fest, „overnewsed and underinformed" oder gar falsch informiert zu sein. „Be the first who gets it right", wäre schon besser, wie der Journalist und Autor James Surowiecki meint.

Die Schwester der medialen Beschleunigung ist der Hype. Kaum betritt ein Neuer die politische Hauptbühne, steigt die Euphorie trotz gebotener beruflicher Distanz in lichte Höhen und mit ihr die Erwartungshaltung teilweise ins Irrationale. Der Nimbus des Neuen ist somit auch schon der Beginn der politischen Halbwertszeit, oder anders formuliert: Selten war das Neue so schnell wieder alt. Beobachten konnte man das in den vergangenen Jahren nicht nur in Österreich am Beispiel von Spitzenpolitikern wie dem ehemaligen Vizekanzler Reinhold „Django" Mitterlehner oder Ex-Bundeskanzler Christian Kern, sondern am einprägsamsten am Beispiel des deutschen SPD-Spitzenkandidaten Martin Schulz. Der Schulz-Hype begann zu Jahresbeginn 2017 getragen von Umfragewerten am "Spiegel"-Cover, mit Schulz als "Sankt Martin", der Angela Merkel vom Kanzlerpodest stößt, und endete am Wahlabend in einer desaströsen Niederlage. Wie so oft kippt die mediale Zustimmung nach dem freien Fall in Umfragen oder spätestens mit der Wahlniederlage. Rauf und runter, die Abstände dazwischen werden immer kürzer.

In der Druckkammer

Es geht nicht bloß darum, als Erster durchs Ziel zu laufen, sondern oftmals auch um den Reflex, einem fragenden, ungeduldigen Publikum Antworten liefern zu wollen, die es vielleicht noch gar nicht gibt. Antworten auf Fragen zu wollen, ist menschlich und nachvollziehbar. Und so wollen ebenso wir Journalisten allzu oft von Politikern auf komplexe Herausforderungen „sofort" eine Antwort, besser noch: eine Entscheidung. Jede Reaktion auf eine Nachricht wird dann wieder eine neue Nachricht und so weiter und so fort. Politik ist in der Druckkammer dem „Sofortismus"[36] unterworfen. Nur äußerst selten kommt es vor, dass jemand aufrichtig antwortet und zugibt, noch keine Antwort zu haben, sondern erst einmal nachdenken zu müssen. Ein Zeichen von Schwäche? Offenbar. Das zieht sich durch alle Berufsgruppen. Selbst im Journalismus gibt es den Druck und manchmal ist es ein Reflex und eine Versuchung, Antworten auf Entwicklungen liefern zu wollen, die es schlichtweg noch nicht geben kann, es sei denn, man bemüht eine Glaskugel.

Das Eingeständnis, bestimmten Herausforderungen, Fragen (noch) ratlos gegenüberzustehen, wird als Entscheidungs- und Meinungsschwäche interpretiert. Alleswisser und Besserwisser beherrschen die Debatten, ob ihrer Lautstärke oder ständigen Verfügbarkeit. Dabei beißt sich die Katze in den Schwanz und wir belügen uns selbst, oder lassen uns belügen, denn auf komplexe Themen wie beispielsweise Zuwanderung, Globalisierung oder Klimawandel gibt es eben keine einfachen und schon gar keine schnellen Antworten. Insgeheim wissen wir das und dennoch verlangen wir danach, ja, sehnen uns nach raschen und klaren Lösungen, um später enttäuscht festzustellen, dass den Antworten und Ankündigungen meistens wenig bis gar nichts handfestes folgte.

Slow Down!

„Unsere Existenzform ist die Rasanz", schrieb der großartige Roger Willemsen, ein Meister des Gesprächs, in seinem letzten Buch „Wer wir waren"[37]. Aber Demokratie ist eben nicht etwas, das sich im Schnellverfahren zwischen ja und nein, dafür-dagegen erledigen lässt. Im Gegenteil. Debatte braucht Zeit. Waren wir bisher im politisch-medialen Schnellzug unterwegs, so sitzen wir fortan im Hochgeschwindigkeitszug, im TGV der neuen Medien. Bei allem Fortschritt, den Annehmlichkeiten sowie auch Widrigkeiten und handfesten Problemen im Umgang miteinander, die sie uns gebracht haben, eines findet dort so gut wie nie statt: Dialog. Die sozialen Medien ersetzen kein Gespräch, ein echtes substantielles Streitgespräch, das trotz aller ausgetragener Härte aus Fragen und Zuhören besteht. Doch genau die Fragen sind es oftmals, die ein Gespräch so wertvoll machen, die zum Nachdenken, zu einem anderen Blickwinkel führen, statt sich im Windkanal weitertreiben zu lassen.

Fragen können so vieles: Sie können zu Erkenntnis führen, Menschen zusammenbringen, Diskussionen lebendig halten, Lösungen bringen, der argumentativen Kurzatmigkeit können sie das Tempo etwas nehmen, die notwendige Bremse sein, um Raum zum Nachdenken zu schaffen. Manchmal sind Fragen sogar wichtiger als die unmittelbaren Antworten. Sie bringen uns dort weiter, wo der Dialog blockiert und sind auch ein Türöffner für eine neue Perspektive, anstatt mit vorgefassten Meinungen drauflos zu marschieren, bevor das Gegenüber seinen Satz überhaupt beendet hat.

Fragen statt Empören

Das Finden, Filtern, Formulieren, Abwägen oder Weiterdenken von Argumenten ist fordernd, mitunter anstrengend und es braucht Zeit. Also slow down! Je vielschichtiger eine Gesellschaft, je unübersichtlicher die Welt und ihre Herausforderungen, umso mehr Entschleunigung brauchen wir in der Diskussion. Wir aber rennen immer schneller – mit dem Ergebnis, ohnehin nur auf der Stelle zu treten. Anstatt komplexer Analysen und dem Versuch, das Publikum mit auf die Reise des Denkens zu nehmen, dominieren Parolen und die schnelle Schlagzeile. Dazu kommt, dass die Verweildauer der Aufmerksamkeit auf einen Themenkomplex kürzer wird. Im Stakkato wird ein

Problem nach dem anderen ver-, oder besser gesagt, abgehandelt. Was heute noch neu und relevant war, ist morgen alt und uninteressant. Oder erinnern sie sich noch an den politischen Aufreger vor einer Woche, den Skandal der vergangenen Monate? Weiter zum nächsten. Es ist die sprichwörtliche „Sau", die immer schneller durch das digitale Dorf getrieben wird. Die Abstände verkürzen sich. Übrig bleiben dann noch Splitter, Zerstreuung und vor allem eine Stimmung. Das ist jenes Gefühl der Gesellschaft, von dem, laut Heinz Bude, alle großen politischen Auseinandersetzungen ihren Ausgang nehmen.[38]

Aber was ist, wenn die Empörung alles zudeckt und mit ihrer Wucht eben nicht jenen Punkt, jenen Missstand oder jene Ungerechtigkeit trifft, die unsere volle Aufmerksamkeit bräuchte? Provokation zum Beispiel ist dafür ein beliebtes und vor allem kalkuliertes Ablenkungsmanöver – sie funktioniert fast ausnahmslos. Während sich alle über diesen einen Sager empören, den nächsten Trump-Tweet, der bestimmt vom übernächsten übertroffen werden wird oder das demonstrative Verlassen einer AfD-Politikerin eines Fernsehstudios während der laufenden Sendung, braucht es gar keine sachliche Diskussion mehr. Die Aufmerksamkeit und Empörung ist einem sicher, die

Ablenkung geglückt. Statt fundierter Auseinandersetzung geht es um ein Maximum an Aufmerksamkeit. Und nebenbei erspart Twitter und Facebook den kalkulierenden Provokateuren jede Menge Geld und somit Meinungsforschungsinstitute: schneller, günstiger und breitenwirksamer. Hartmut Rosa kommt zum Schluss, dass „in der spätmodernen Politik nicht (mehr) die Kraft des besseren Arguments über den zukünftigen politischen Kurs bestimmt, sondern der Einfluss von Ressentiments, mehr oder minder irrationalen und oft flüchtigen Bauchgefühlen, suggestiven Metaphern und Bildern." Das Argument hat es schwer, wenn es heißt: Drama, Baby!

DRAMA, BABY!

Empörung – und was dann? Worüber wir uns empören und worüber nicht.

Spätestens hier könnten Sie jetzt „Stopp!" rufen und einwenden, da empört sich gerade jemand über die Empörten. Stimmt, daher gestehe ich lieber gleich: Die Versuchung ist manchmal wirklich groß, im Affekt ins Smartphone zu hämmern. Da braucht es schon Disziplin und am besten vorher noch einmal einen ruhigen Gedanken, um eben nicht gleich draufloszutippen. Oft muss ich dabei an einen Satz von André Heller denken: „Die Schwierigkeit, mit den meisten Leuten umzugehen, besteht darin, zu ihnen gleichzeitig ehrlich und höflich zu sein." Ja, wie oft beißt man sich eigentlich auf die Zunge, wenn man jemandem gegenübersitzt und so gerne sagen würde, was man gerade denkt. Im Netz ist das anders: Enthemmung. Es ist die Schnelligkeit, die Emotion, die zunehmend Debatten beherrscht. Zuspitzung, ein wenig Polemik, Zynismus oder auch ein bisschen mehr für eine Pointe. Zugegebenermaßen ist das freilich auch unterhaltsam und manchmal großes Kino, erste Reihe fußfrei, wenn es einen selbst nicht betrifft oder man mittendrin dabei ist. Da wird einiges geboten: Vom empörten Schlagabtausch bis hin zur hysterischen Herde. Da werden Frontstellungen plötzlich sichtbar, Meinungen offenbart, die man so nicht vermutet hätte. Auch ein Erkenntnisgewinn.

Aber bringt uns das in der Sache weiter, wenn Dialoge vorwiegend zu Duellen verkommen oder ausnahmslos der Selbstinszenierung dienen? Sie werden jetzt gleich einwenden: Das ist nichts als eine Blase und eben nicht *die* Öffentlichkeit. Eine mediale Blase aus Meinungsbildnern, Journalisten, Politikern und Menschen mit Sendungsbewusstsein. Stimmt mitunter. Ein abgeschlossener Zirkel ist es trotzdem nicht (mehr), sondern ein mittlerweile mit der veröffentlichten Meinung kommunizierendes Gefäß. Ebenso Facebookpostings, die hunderttausende Menschen und mehr erreichen. Die virale Empörung greift längst um sich und so leben wir laut dem Philosophen Michael Schmidt-Salomon im Zeitalter des „Empörialismus"[39]. Traditionelle Medien surfen ebenso auf dieser Welle. In der Fachsprache nennt man das Clickbait. Eine reißerische Überschrift und schon ist man neugierig und klickt rein.

Je mehr Klicks, je mehr Traffic umso besser. Nimmt eine Debatte im Netz ihren digitalen Anfang, nimmt sie an Lautstärke und Entrüstung zu, so findet sie ihren Widerhall in den traditionellen Medien. Größtmögliche Aufregung = maximale Aufmerksamkeit. Gestern ein Shitstorm in Netz, heute eine Geschichte in der Zeitung. Aber ist deswegen auch relevant, was da durch Empörung nach oben gespült wird, was wir am nächsten Tag in der Zeitung lesen und worüber wir dann sprechen?

Wie sehr die Lauten die Debatte im Netz dominieren, zeigt eine Datenauswertung des Onlinemagazins „mokant.at".[40] Fazit: Die Lauten sind nicht viele und dennoch bestimmen sie den Diskurs. In diesem Fall den Nationalratswahlkampf 2017 im Internet. Die Ausgangslage: In Österreich nutzen ungefähr 3,7 Millionen Menschen Facebook. Die Frage: Zeigen ihre Kommentare, was die Mehrheit denkt und bestimmen sie somit das digitale Meinungsklima? Die Auswertung: Fast drei Millionen Kommentare auf Facebook-Seiten von Politikern und Medien, die für die Meinungsbildung im Wahlkampf von Bedeutung waren, wurden ausgewertet. Die Hälfte dieser Kommentare stammte allerdings nur von rund 8.900 Personen, die mehrmals Kommentare, manche davon hundertfach verfassten. Darunter fanden sich User, die Werbung für Parteien machten, oder Trolle, die andere beschimpften, wenn sie Kritik an einer bestimmten Partei übten. Wer tatsächlich hinter diesen Accounts steckt, bleibt oft unklar. Unterm Strich bleibt, dass nur eine kleine Minderheit die digitale Wahlkampf-Debatte mitbestimmte, während die Mehrheit nicht mitdiskutierte, sondern nur mitlas und schwieg.

Aufmerksamkeit ist ein knappes Gut. Als die Unwiderstehlichste aller Drogen hat Georg Franck[41] vor zwei Jahrzehnten die Aufmerksamkeit anderer Menschen bezeichnet. Mehr als zwanzig Jahre später ist diese Droge zugleich die härteste digitale Währung. Das Verlangen danach setzt neue Maßstäbe. Man muss das Internet zwar nicht gleich als die „größte Kloake der Weltgeschichte" bezeichnen wie der Historiker Timothy Garton Ash, der auch Vorschläge parat hat, wie es zu einem besseren Ort des Meinungsaustausches werden könnte. Das Lied vom „bösen Internet" anzustimmen ist zwar verlockend, aber viel zu einfach. Schlussendlich sind wir es, die posten, twittern, was auch immer und dabei „Drama, Baby!" rufen. Denn mit der Beschleunigung, immer schneller immer mehr Aufmerksamkeit zu generieren, steigt auch unsere Lautstärke und die Empörung, mit der sich die Öffentlichkeit verändert.

Politik als Spektakel. Wir befinden uns also inmitten eines Strukturwandels unserer Öffentlichkeit und da wollen natürlich auch Politiker die Schlagzeilen beherrschen. Schon nimmt das tägliche Drama Fahrt auf, wer hat die Nase vorne, wer kritisiert wen, wer fordert mehr. Fortsetzung folgt und alles wieder von vorne. Jeden Tag ein bisschen mehr, jeden Tag ein bisschen dramatischer. Im Internet funktioniert das ganz einfach. Wie sehr Empörung und Wut dazu als Brandbeschleuniger dienen, um mehr Aufmerksamkeit zu erregen, beschreibt die Digitalexpertin Ingrid Brodnig anhand von Studien sehr anschaulich in ihrem Buch „Lügen im Netz.“[42] Und irgendwie scheinen wir uns daran gewöhnt zu haben. Das bemerke ich selbst. Wütende Kommentare nimmt man mittlerweile zur Kenntnis und wenn zum Beispiel die Entrüstungsmaschinerie wieder einmal loslegt, bleibt oft nur mehr ein Seufzen. Das Beklemmende abseits der Tatsache ist, dass es bei solchen Nachrichten bzw. Hasspostings, sofern nachweisbar, mitunter um strafbare Handlungen geht. Prominentestes Beispiel dafür ist wieder einmal der 45. Präsident der Vereinigten Staaten: Donald Trump. Ein Präsident, der Menschen öffentlich in seiner Funktion als Staatsoberhaupt beschimpft, beleidigt, verleumdet und das dann als „modernen präsidialen Stil“ bezeichnet. Was er darunter genau versteht, zeigt er auf Twitter in einem Video, in dem er in einem Wrestlingkampf auf einen Kontrahenten mit dem Logo des Fernsehsenders CNN[43] losgeht. Ein Präsident als Schläger gegen Journalisten. Was kommt als nächstes? Über das Amtsverständnis von Trump, dessen Psyche und Tauglichkeit als Staatsmann wurde und wird ausführlich diskutiert. Aber eine wesentliche Frage geht unter. Wie wirkt sich dieses Verhalten eines immerhin gewählten Präsidenten auf die Öffentlichkeit aus? Verschieben sich dadurch unsere bisherigen Leitplanken im Umgang miteinander? Immerhin werden da Normen vom ranghöchsten Repräsentanten in einem Staat schamlos gebrochen. Das ist hochtoxisch. Wenn ein Präsident Bösartigkeit und Hass auf seiner täglichen Agenda stehen hat, führt das zu einem Klima der Feindseligkeit und Verachtung.

Es ist das Zeitalter der Schamlosigkeit, in dem wir leben, erklärt die Sprachwissenschaftlerin Ruth Wodak das Wesen unserer Zeit. „Es werden schamlose Lügen in die Welt gesetzt, schamlos Menschen beleidigt, ohne negative Sanktionen, ja sogar ohne Entschuldigung."[44] Anything goes. Dieser zunehmend dem anderen gegenüber abwertende Ton ist längst im Alltag, auf der Straße, in Gesprächen angekommen und prägt mittlerweile unseren Umgang miteinander. Ich erinnere mich an die Unversöhnlichkeit einer Radfahrerin und eines Passanten in der damals als Begegnungszone neu gestalteten Mariahilferstraße. Seit dem Sommer 2015 teilen sich Fußgänger, Fahrrad- und Autofahrer bestimmte Abschnitte Österreichs bekanntester Einkaufsstraße. Bisher ohne gröbere Zwischenfälle. Der Weg dorthin war jedoch ein kommunalpolitischer Aufreger – und ist es phasenweise noch. So beflegelten sich jene erwähnte Radfahrerin und der Passant während des Testbetriebes vor laufender Kamera auf die Frage, ob das nun eine gute oder weniger gute Idee sei, dass sie sich die Straße ab nun teilen müssen. Im Netz geht es da noch feindseliger zur Sache, wenn ein Autofahrer zum Beispiel einem anderen wünscht, dass er hoffentlich das nächste Mal einen Radfahrer erwischen möge, damit künftig davon weniger unterwegs sind. Woher kommt diese Verrohung? Wünscht man seinem Gegenüber trotz aller Meinungsunterschiede auch Face-to-Face einen Verkehrsunfall oder Politikern oder anderen Menschen in der Öffentlichkeit Gewalt oder gar den Tod? Die Enthemmung im Netz lässt sich Tag für Tag beobachten. Und dennoch wird man immer wieder aufs Neue und Hässlichste überrascht, wenn zum Beispiel ein amerikanischer Youtube-Star in einem Video über ein Suizidopfer lacht oder wenn pünktlich zu Jahresbeginn 2018 ein Neujahrsbaby aufgrund seiner kopftuchtragenden Mutter mit einem Shitstorm auf dieser Welt begrüßt wird. Eine Hassorgie bricht über ein Neugeborenes und seine türkische Familie herein. Die Antwort darauf war ebenso unmissverständlich und sie war größer und lauter als der Hass: ein Flowerrain, Glückwünsche, nette Worte und Willkommensnachrichten auf Initiative des Caritas-Generalsekretärs. Dennoch macht die Schamlosigkeit zum Teil stumpf. Wenn jeder den anderen nicht mit Lautstärke, sondern mit noch zugespitzteren, drastischeren Bemerkungen bis hin zu persönlichen Beleidigungen zu übertrumpfen versucht, geht das verloren, was wir bisher unter „Anstand" verstanden haben. Von zugespitzt und vulgär bis zu hasserfüllt sind es dann nur mehr einige wenige kleine Schritte, um die öffentliche Schamgrenzen Stück für Stück abzubauen. Im Kleinen mag es nur darum gehen, für einen billigen Witz auf Kosten anderer, eine kleine Gemeinheit oder Provokation, mehr Likes, Retweets, Views, sprich Aufmerksamkeit zu bekommen. Die Eitelkeit brummt, das Ego wächst. Aber im großen Ganzen summiert sich das auf Kosten eines anständigen Miteinanders. Zudem verstellt die ständige Aufregung offenkundig den Blick auf das Wesentliche. Die Dauerempörung verkommt zur Heißluftnummer. Maximale Aufmerksamkeit für kurze Zeit. Ohne Folgen.

Worüber wir uns empören und worüber nicht

„Empört euch!" forderte 2010 der französische Widerstandskämpfer und ehemalige Diplomat Stéphane Hessel in seinem gleichnamigen Essay und landete damit einen weltweiten Bestseller. Im zornigen Ton rief der mittlerweile verstorbene Autor zur Empörung auf, zum Widerstand gegen die politischen Entwicklungen, insbesondere im Hinblick auf die damalige Finanzkrise und deren Folgen. Hessel kritisiert die Ursachen verfehlter Politik vom Sozialstaat bis hin zur Entwicklungspolitik und sieht dabei die von ihm einst mitverfassten Menschenrechte in Gefahr. Der Widerstand, so Hessel, kommt aus der Empörung. Und er schreibt weiter Sätze in seinem Essay, die zu jener Empörung unserer Zeit insbesondere in den sozialen Medien so gar nicht passen. Der damals 93-Jährige versteht darunter ein tiefsitzendes Gefühl, einen Antrieb, das zum Engagement aufgrund der Missstände wie der Ungerechtigkeit in unseren Gesellschaften führt. Folgerichtig lautet die Fortsetzung seines Aufrufes ein Jahr später „Engagiert Euch!" Gemeint ist nicht die oberflächliche Empörung, die den Diskurs hauptsächlich in den sozialen Medien vorantreibt, sondern ein Gefühl, ein Antrieb, der tiefer sitzt. Und Hessel räumt ein: „Die Gründe, sich zu empören, sind heutzutage oft nicht klar auszumachen – die Welt ist zu komplex geworden. (...) Die Welt ist groß, wir spüren die Interdependenzen, leben in Kreuz- und Querverbindungen wie noch nie.“[45]

Es ist die Unübersichtlichkeit, die Orientierungslosigkeit in einer komplexen Welt und das diffuse Gefühl der Wut, das so viele antreibt. Protestwähler, Wutbürger, die Empörten, die Lauten im Netz, jene, die gegen „die da oben wettern“ und „Lügenpresse“ rufen, die den Ressentiments verfallen und, und, und. Wir leben inzwischen in einer, laut Kommunikationswissenschaftler Bernhard Pörksen, „Empörungsdemokratie“[46], wonach sich jeder barrierefrei über das Netz an die Öffentlichkeit wenden kann und die Deutungshoheit somit nicht mehr alleine bei den Politikern und den traditionellen Medien liegt. Es formiert sich eine neue kritische Öffentlichkeit. Das ist gut und zugleich schlecht. Gut deshalb, da Missstände, Ungerechtigkeiten viel schneller eine breite Öffentlichkeit bekommen. Die Frage ist: Was empört uns in dieser andauernden Erregung? Und das ist auch schon die Kehrseite dieser neuen Öffentlichkeit. In Dauerempörung gehen der Fokus und auch die Relation verloren, worüber wir uns da eigentlich aufregen. Ist es der täglich bizarre Trump-Tweet oder seine folgenschwere

Klimapolitik? Der Klimawandel und seine für uns alle mittlerweile spürbaren Folgen von Überschwemmungen, Hurrikans, Dürren, sowie jenen flüchtenden Menschen davor, ist ein gutes Beispiel dafür, denn der empört uns nicht wirklich, oder? Zu abstrakt, zu komplex lautet so oft die reflexartige Antwort, wenn es darum geht, dem Thema mehr Stellenwert einzuräumen. Dabei geht es nicht nur um Eisbären auf ihren Schollen, sondern um uns.

Und was machen wir Konsumenten? „Eh schlimm und freilich ist Klimaschutz notwendig", aber schlussendlich dann doch zu kompliziert und „was kann ich im Kleinen schon dagegen tun". Die Welt ist groß und wir sind klein, was soll's. Also nächstes Thema: Ungerechtigkeit. Das lehnen wir alle ab, egal welche politische Präferenz, Ungerechtigkeit geht gar nicht. Demnach müssten uns die „Paradise Papers" empören. Bisher geheime Datensätze, die belegen, wie Riesenkonzerne durch komplizierte Konstruktionen Steuern vermeiden. Und? Der öffentliche Aufschrei ist großteils ausgeblieben. Nach den „Panama Papers", die international namhafte Politiker betrafen, die „Paradise Papers" und die Frage eines Bekannten beim Mittagessen, welche die öffentliche Wahrnehmung auf den Punkt bringt: „Und? Es wird sich trotzdem nicht wesentlich viel ändern oder?" Nachsatz: „Schon gar nicht für mich, der brav seine Steuern bezahlt." Resignation oder Gleichgültigkeit? Wohl eine Mischung aus beidem.

Wenn jeder fünfte Fünfzehnjährige in Österreich nicht sinnerfassend lesen kann, hat unsere Gesellschaft ein Problem.[47] Ein nachhaltiges Problem, das aufgrund fehlender Integration nicht kleiner wird. Empörung? Die hält sich in Grenzen. Aber worüber empören wir uns dann, wenn wir schon laut Definition in einer „Empörungsdemokratie" leben? Jene Missstände, Ungerechtigkeiten, die Hessel meint, sind es großteils nicht. Und wenn, dann ist die Aufmerksamkeitsspanne von kurzer Dauer. Welche Empörung treibt uns dann ständig um?

Manchmal sind es Nichtigkeiten, meistens Nebenschauplätze. Wenn das Quantum der täglichen Twitter-Aufregung für Grammatikfehler in Twcets von Politikern aufgebracht wird, geht nicht bloß der Fokus auf das Wesentliche verloren, sondern auch das Augenmaß, in welcher Relation Empörung und Anlass zueinanderstehen. Und nein, das soll kein Klein- oder Schönreden von Grammatikfehlern werden. Die Liste ließe sich endlos fortsetzen. Wenn man sich selbst bei der Nase nimmt, muss man mitunter feststellen, dass Anspruch und Wirklichkeit leider oft auseinanderliegen. Ich lese gerne und viel und weil das mit dem Schmökern in der Buchhandlung nicht regelmäßig klappt, drückt sich der Amazon-Button sehr bequem. Vergessen scheint in diesem Moment das Wissen und die eigene Empörung darüber, wie Amazon seine Leiharbeiter zu Dumpinglöhnen Bücher aus dem Lager holen und verpacken lässt. Das nennt man im Nachhinein wohl Scheinempörung. Aufgebracht beklagen wir die Ausbeutung und kaufen dennoch weiterhin ein. Berichte über menschenunwürdige Arbeitsbedingungen in chinesischen Zulieferfabriken von Apple halten uns trotz Empörung ebenso nicht davon ab, weiterhin das neuste iPhone zu kaufen. Dann wäre da noch Facebook, dessen Datenschutzbestimmungen und Löschverhalten wir beanstanden und trotzdem weiterhin brav posten. Und auch, wenn prekäre Beschäftigung ein weiteres Mal als Ausbeutung beklagt wird: Die Uber-Fahrt ist trotzdem so unwiderstehlich günstig.

Die Empörung gibt uns, wenn auch nur kurz und oberflächlich, das Gefühl, aufrichtig auf der richtigen Seite zu stehen. Dabei ist es, wie einst Nietzsche die Empörung treffend beschrieb, ohne dabei jemals in den sozialen Netzwerken gewesen zu sein, vielmehr eine „schimpfende Weltbetrachtung".[48] Stéphan Hessel hat demzufolge etwas ganz anderes gemeint als das, was uns umtreibt. Die Empörung unserer Zeit kommt und geht wie Ebbe und Flut, daher funktioniert sie in den Internet-Dramamaschinen auch so gut. Aber Schimpfen, Hauptsache-dagegen-Sein, reicht nicht aus, um nachhaltig zu sein. Dabei ist öffentliche Aufregung, wenn es um gesellschaftspolitisch Relevantes geht, unverzichtbar. „Empört euch, aber nachhaltig!", möchte man Hessels Aufruf ergänzen. Wie wichtig es ist, dass anfängliche Entrüstung Konsequenzen nach sich zieht, bestenfalls Bewusstsein und Haltung verändert, zeigt die #metoo-Debatte ab Mitte Oktober 2017. Blieb die Diskussion vier Jahre zuvor ausgehend von Deutschland unter dem Hashtag #Aufschrei über sexuelle Belästigung ohne große Konsequenzen, so zieht #metoo weltweit immer weitere Kreise: Rücktritte und eine tiefergehende Diskussion über sexuelle Gewalt und Sexismus im Alltag. Es war der Beginn einer Aufklärung, in der Opfer ihr bisheriges Schweigen brachen. Ausgehend von einer Online-Debatte wurde die jahrzehntelange Schweigespirale im öffentlichen Diskurs gebrochen.

Das ist eines der wenigen wirklich nachhaltigen Beispiele, das auch Begleiterscheinungen mit sich brachte. Abseits jener unbestrittenen und unverhandelbaren Tatsachen, dass Vergewaltigung und jede Form von sexueller Gewalt und Belästigung kriminell ist und sexualisierter Machtmissbrauch bekämpft werden muss, wurde mitunter auch hier in allen emotionsgeladenen Diskussionen die Schwarz-weiß-Schablone ausgepackt. Demzufolge war die Reaktion auf einen Gastbeitrag hunderter französischer Frauen – darunter die Schauspielerin Catherine Deneuve und die Feministin Catherine Millet – Entrüstung. Die Gastautorinnen forderten in der Zeitung „Le Monde", dass sich der Diskurs im Zuge der #metoo-Debatte öffne und es abgesehen von unbestrittenen Missständen und Diskriminierungen um die Selbstermächtigung der Frauen gehe. An diesem Beispiel lässt sich im darauffolgenden Streit, wo Freiheit und Selbstermächtigung von Frauen anfängt und aufhört, ein Muster wie in fast allen Debatten ausmachen, in denen es primär um Zuordnung in Lager – dafür oder dagegen – geht und das Dazwischen immer kleiner wird, Differenzierung durch Pauschalurteile ersetzt wird und die Bereitschaft fehlt, auf die Argumente der anderen Seite zumindest einzugehen.

Jetzt heißt es #TimesUp. Ein Slogan, den sich weibliche Schauspielstars bei der Golden-Globe-Verleihung Anfang 2018 auf die Brust hefteten. Das klingt gut und hoffentlich vielversprechend, dass auf ein Zeichen, einen Hashtag ein hoffentlich breiter und nachhaltiger Veränderungsprozess und damit die Diskussion über weibliche und männliche Rollenbilder folgt.

SACHLICH, BABY!

Mehr Sachlichkeit statt Drama.
Slow down and keep calm.

Gerade die #metoo-Debatte zeigt, warum wir mehr Sachlichkeit statt Drama brauchen. Denn ohne kühlen Kopf machen trotz aller Dringlichkeit ausnahmsloser Alarmismus und Empörung auf Dauer stumpf. Argumentieren statt diffamieren, streiten statt schreien, all das erfordert ein Mindestmaß an Sachlichkeit und Gelassenheit und bestenfalls mitunter auch Humor und Witz.

Wenn die Empörung, so Pörksen, das neue, zentrale Merkmal unserer Gesellschaft ist, dann ist Wut das zentrale Gefühl dafür. Ob zurückgelassen oder zu kurz gekommen in dieser unübersichtlichen Welt, Ursachen für dieses diffuse Gefühl gibt es viele und manche davon sind möglicherweise auch nur gefühlt. Dennoch lässt sich kein politischer Umbruch, keine Wahl der vergangenen Jahre ohne dieses Gefühl erklären. Das elementare Problem ist aber, dass Wut, Zorn und Empörung alleine nicht ausreichen, um selbst berechtigte Ziele zu verfolgen.

Die Philosophin Martha Nussbaum erklärt in ihrem Buch „Zorn und Vergebung" akribisch, welche verschiedenen Konzepte es von Zorn sowohl im Persönlichen als auch Politischem gibt und dass der Zorn so oft die Antwort – wenn auch die falsche und eine selten nachhaltige – auf Kränkungen ist. Ihre Antwort darauf findet sich schon im Untertitel ihres Buches: „Ein Plädoyer für eine Kultur der Gelassenheit."[49] Mit Wut im Bauch lässt es sich erfahrungsgemäß schwer denken und vor allem reden, schon gar nicht miteinander. Also cool down oder altmodisch klingender: Ein wenig Mäßigung würde uns gut tun. Ein bisschen weniger Action und Fortissimo in diesem unentwegt lauten Durcheinander wäre angebracht. Mehr Sachlichkeit statt Drama, um die grundsätzlichen Fragen unserer Zukunft zu diskutieren.

Vom Denken, das noch keine Richtung kennt

Was fehlt, ist die unvoreingenommene Suche nach Erkenntnissen. Wie das funktionieren kann? Einfach dem Gegenüber genau zuhören und dem Denken, das laut Ingeborg Bachmann noch um keine Richtung besorgt ist und einfach nur Erkenntnis will, dabei freien Lauf lassen.[50] Wem das zu philosophisch und zu wenig praktisch ist, versuchen Sie es einfach einmal in der Hitze des Gefechts mit einem Denk-Emoji, diesem kleinen gelben Gesicht mit hochgezogener Braue, das gerade überlegt. Kurz nachdenken, schon ist die erste Wut verflogen und meist tut sich eine Frage an das Gegenüber auf. Ich habe im Buch weiter vorne gesagt, wie wichtig es ist – nicht nur als Journalistin – Fragen zu stellen. Das ist das, was Kinder unentwegt machen und wir Erwachsenen viel öfter wieder tun sollten. Denn dafür wird man auch belohnt mit neuen Perspektiven und Erkenntnissen. Oder anders formuliert, wer nicht zuhört und nachfragt, sondern ständig nur selbst redet und in seinen Urteilen verharrt, wird von seinem Gegenüber auch nicht viel erfahren. Daher ist es trotz und wegen aller unterschiedlichen Lebensentwürfe und Vorstellungen so wichtig, dass wir wieder öfter miteinander ins Gespräch kommen.

Weder das Schweigen, das Sich-aus-dem-Weg-Gehen noch das aufgeregte Gegeneinander, das zwar unseren Blutdruck, aber nicht den Diskurs antreibt, bringen uns weiter. Letztendlich braucht es dafür Offenheit und Neugierde. Die ausgetrampelten Pfade zwischen entweder-oder, zwischen Daumen-rauf, unkritischer Zustimmung und der rechthaberischen Dauerkritik einfach einmal verlassen und schauen, was dazwischen ist. Das ist in einer Zeit der Superlative, in der alles spektakulär und anders sein will und muss, weder neu noch revolutionär, aber damit lässt es sich – aus eigener Erfahrung und Überzeugung

– nicht nur besser miteinander reden, sondern, und vor allem, auch konstruktiver streiten.

ANMERKUNGEN

1   Der Begriff wurde in den 1970er-Jahren von der Kommunikationsforscherin Elisabeth Noelle-Neumann geprägt und bezeichnet die Hemmung, seine Meinung öffentlich zu äußern, je mehr diese vom öffentlichen Meinungsklima abweicht.

2   „Die Oppositionsmaschine" von Götz Hamann. In: Die Zeit. Nr. 38 vom 14.09.2017. Erfasst wurden im Zuge der Analyse deutschsprachige Medien, Blogs, Youtube, Twitter, Instagram sowie Facebook.

3   Ebda.

4   Ivan Krastev: Europadämmerung. Ein Essay. München: edition suhrkamp 2017, S. 25.

5   Der Beitrag wurde am 26. Jänner 2016 im Report im ORF ausgestrahlt.

6   https://magazin.spiegel.de/SP/2017/9/149766107/index.html

7   http://m.spiegel.de/netzwelt/web/a-1177006.html

8   Georg Simmel: Der Streit. In: Soziologie. Untersuchungen über die Formen der Vergesellschaftung. In: Georg Simmel

Gesamtausgabe, Bd. 11. Hrsg. von Otthein Rammstedt, Frankfurt a. M. 1992, S. 284–382.

9   https://derstandard.at/2000031769567/Digital-News-Initiative-Google-foedert-derStandardat-Projekt-zu-Forenmoderation

10   Der Begriff stammt von der deutschen Publizistin Thea Dorn, die in ihrem 2010 erschienenen Buch „Ach, Harmonistan" Deutschland und seine Öffentlichkeit seziert.

11   „über Leben" von Guido Tartarotti in Kurier Freizeit am 13.06.2015, S. 18.

12   Wolfgang Schmidbauer: Helikoptermoral. Empörung, Entrüstung und Zorn im öffentlichen Raum. kursbuch.edition. 2017.

13   Daniel Kahneman: Schnelles Denken, langsames Denken.1. Aufl. München: Penguin 2017.

14   Tali Sharot: Die Meinung der anderen. Wie sie unser Denken und Handeln bestimmt – und wie wir sie beeinflussen. 1. Aufl. München: Siedler 2017.

15   Ebda. S. 13ff.

16   Der Begriff ist untrennbar mit dem Linguisten George Lakoff verbunden, der seit fast fünfzig Jahren erforscht, wie Sprache, insbesondere Metaphern unser Denken und Verhalten und somit unser politisches Handeln und unsere Gesellschaft steuern und prägen. Rationalität hält er für einen Mythos, da der Großteil unseres Denkens unbewusst abläuft.

17 „Wir reiten auf einem Elefanten". Interview mit Jonathan Haidt. In: Der Spiegel, Nr. 2 vom 7.1.2013, S. 114.

18 Jonathan Haidt: The Righteous Mind. Why good people are divided by politics and religion. London: Penguin 2012.

19 „Neue Rahmen für alte Themen. Die Rolle von Framing für Erfolg und Scheitern bei der Nationalratswahl 2017." Von Christoph Hofinger, Andreas Holzer, Florian Oberhuber und Martina Zandonella. In: Wahl 2017. Loser, Leaks & Leadership. Hrsg. Von Thomas Hofer und Barbara Toth. Wien: Ärzte Verlag 2017, S. 189–199.

20 https://derstandard.at/2000070258134/Fluechtlingssituation-2017-wieder-wichtigstes-Thema-in-Zeitungen

21 http://www.spiegel.de/kultur/literatur/frankfurter-buchmesse-die-auseinandersetzung-mit-den-rechten-a-1172953.html

22 Demokratie braucht Konflikt. Interview mit Jan-Werner Müller in: Wiener Zeitung vom 15.08.2017.

23 „Auch die anstößigste Meinung diskutieren". Interview mit Thimothy Garton Ash. In: Der Spiegel vom 5.11.2016, S. 120.

24 https://www.berliner-zeitung.de/berlin/politische-korrektheit-die-neue-intoleranz-an-berliner-universitaeten-28819046

25   http://www.sueddeutsche.de/kultur/historiker-timothy-garton-ash-im-gespraech-wir-haben-es-mit-privaten-super-maechten-zu-tun-1.3217837

26   http://www.zeit.de/gesellschaft/2017-06/deutschland-spricht-teilnehmer-methode-ergebnisse

27   http://www.zeit.de/campus/2017-06/politische-ansichten-deutschland-spricht

28   Vgl. dazu Chantal Mouffe: Über das Politische. Wider die kosmopolitische Illusion. Frankfurt a.M.: edition suhrkamp 2007. Und: Chantal Mouffe: Agonistik. Die Welt politisch denken. Berlin: edition suhrkamp 2014.

29   Bei Debattierwettbewerben wird insbesondere zwischen zwei Regelwerken, dem British Parliamentary Style und der Offenen Parlamentarischen Debatte unterschieden.

30   Vgl. Timothy Garton Ash: Redefreiheit. Prinzipien für eine vernetzte Welt. München: Hanser 2016, S. 316ff.

31   Wineburg, Sam and McGrew, Sarah and Breakstone, Joel and Ortega, Teresa. (2016). Evaluating Information: The Cornerstone of Civic Online Reasoning. Stanford Digital Repository. https://purl.stanford.edu/fv751yt5934

32   http://www.sacbee.com/opinion/california-forum/article193085404.html

33   Hartmut Rosa: Beschleunigung und Entfremdung. Entwurf einer Kritischen Theorie spätmoderner Zeitlichkeit. 3. Aufl. Berlin: Suhrkamp 2014.

34   http://gfx.sueddeutsche.de/
apps/57eba578910a46f716ca829d/www/

35   Ebda.

36   Dieser Begriff stammt vom Medienwissenschaftler
Bernhard Pörksen und meint das Verlangen nach dem soforti-
gen Stillen eines Bedürfnisses.

37   Roger Willemsen: Wer wir waren. Frankfurt: Fischer
2016.

38   Heinz Bude: Das Gefühl der Welt. Über die Macht von
Stimmungen. München: Hanser 2016.

39   Michael Schmidt-Salomon: Die Grenzen der Toleranz.
Warum wir die offene Gesellschaft verteidigen müssen.
München: Piper 2016.

40   http://mokant.at/1802-facebook-user-wahlkampf-diskurs

41   Georg Franck: Ökonomie der Aufmerksamkeit. Ein
Entwurf. München: Dtv. 2007.

42   Ingrid Brodnig: Lügen im Netz. Wie Fake News, Popu-
listen und unkontrollierte Technik uns manipulieren. Wien:
Brandstätter 2017.

43   CNN steht mitunter im Fokus von Donald Trumps Medienkritik bzw. Schimpftiraden, wenn es um kritische Berichterstattung geht. So diskreditiert er den US-Fernsehsender
regelmäßig als „Fake News" oder „FraudNewsCNN".

44   „Die Medien haben Kurz gemacht." Ruth Wodak im Interview im Falter 51–52/17 vom 20.12.2017, S. 28 f.

45   Stéphane Hessel: Empört Euch!. Berlin: Ullstein. 12. Aufl. 2011, S. 13.

46   Der Begriff stammt vom Kommunikationswissenschaftler Bernhard Pörksen, der von einen Übergang von der Mediendemokratie zur Empörungsdemokratie spricht.

47   Die nicht ausreichende Lesekompetenz österreichischer Kinder und Jugendlichen wird regelmäßig in internationalen und nationalen Studien nachgewiesen.

48   Friedrich Nietzsche: Menschliches, Allzumenschliches. Ein Buch für freie Geister. Berliner Ausgabe. Holzinger 2013.

49   Martha Nussbaum: Zorn und Vergebung. Plädoyer für eine Kultur der Gelassenheit. Darmstadt: WBG 2017.

50   Ingeborg Bachmann: Frankfurter Vorlesungen. Probleme zeitgenössischer Dichtung. 2. Aufl. München: Piper 1984, S. 16.

Bibliografische Information der Deutschen Nationalbibliothek
Die Deutsche Nationalbibliothek verzeichnet diese Publikation in der Deutschen Nationalbiblio-
grafie; detaillierte bibliografische Daten sind im Internet über http://dnb.d-nb.de abrufbar.

1. Auflage

Aus Gründen der einfacheren Lesbarkeit wird teilweise auf die geschlechtsspezifische
Differenzierung verzichtet. Entsprechende Begriffe gelten im Sinne des Gleichbehandlungsgesetzes
grundsätzlich für beide Geschlechter.

Cover: Caroline Plank
Layout und Satz: Burghard List
Lektorat: Ulli Steinwender
Korrektorat: Julia Herrele

ISBN 978-3-7106-0218-4

Christian Brandstätter Verlag
GmbH & Co KG
A-1080 Wien, Wickenburggasse 26
Telefon (+43-1) 512 15 43-0
E-Mail: info@brandstaetterverlag.com

Designed in Austria, printed in the EU

www. brandstaetterverlag.com
#wirmuessenreden